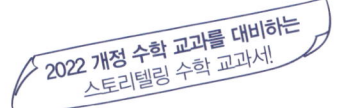

2022 개정 수학 교과를 대비하는
스토리텔링 수학 교과서!

파스칼은 통계 정리로 나쁜 왕을 혼내 줬어

초등 3·4학년 수학동화 시리즈 ❼
파스칼은 통계 정리로 나쁜 왕을 혼내 줬어(개정판)

3판 1쇄 발행 2024년 2월 15일

글쓴이	서지원
그린이	백선웅

펴낸이	이경민
펴낸곳	㈜동아엠앤비
출판등록	2014년 3월 28일(제25100-2014-000025호)
주소	(03972) 서울특별시 마포구 월드컵북로 22길 21, 2층
전화	(편집) 02-392-6901 (마케팅) 02-392-6900
팩스	02-392-6902
전자우편	damnb0401@naver.com
SNS	

© 서지원, 백선웅

ISBN 979-11-6363-763-9 (74410)
 979-11-6363-750-9(세트)

※ 책 가격은 뒤표지에 있습니다.
※ 잘못된 책은 구입한 곳에서 바꿔 드립니다.

도서출판 뭉치는 ㈜동아엠앤비의 어린이 출판 브랜드로, 아이들의 지식을 단단하게 만들어 주고, 아이들의 창의력과 사고력을 키워 주어 우리 자녀들이 융합형 창의 사고 뭉치로 성장할 수 있도록 좋은 책을 만들겠습니다.

초등 3·4학년 수학동화

2022 개정 수학 교과를 대비하는
스토리텔링 수학 교과서!

✓ 막대그래프 이해하기
✓ 자료를 정리하고 표로 나타내기
✓ 꺾은선그래프 이해하기
✓ 그림그래프로 나타내기

파스칼은 통계 정리로 나쁜 왕을 혼내 줬어

글 서지원 · 그림 백선웅
감수 계영희

뭉치 MoongChi Books

추천의 글

　우리 자녀가 수학도 잘하고, 언어도 잘하면 얼마나 좋을까요? 지름길이 있어요! 바로 수학을 동화 속에서 만나는 것이지요. 수리적인 우뇌와 언어영역인 좌뇌의 성장을 골고루 촉진하는 방법은 바로 스토리텔링으로 하는 수학, 수학동화니까요.

　이 책은 초등 3, 4학년 학생이 읽으면 5, 6학년 수학 내용을 쉽고도 재미있게 터득하도록 기획하였어요. 아이들이 그 동안 알고 있던 동화의 주인공들이 모두 등장하여 화려하고 역동적인 무대가 펼쳐진답니다. 별주부전의 용왕님과 자라, 코가 길어졌던 피노키오, 착한 콩쥐와 심술쟁이 팥쥐, 새엄마와 언니들한테 괄시받다 왕자님과 결혼한 신데렐라, 가난했지만 착했던 흥부, 빨간 구두의 소녀 카렌 등 많은 동화 속의 주인공들이 등장하여 이야기를 흥미진진하게 이끌어가지요. 어렸을 적에 동화 속에서 만났던 주인공들의 이야기는 학습이 이루어지는 시냅스의 연결망에 흔적을 남기고, 훗날 교과서에서 수학을 배울 때 시냅스의 연결망이 자연스레 작동을 하게 되는 거죠.

책 사이사이에 있는 Tips은 부모님들에게도 교양서 역할을 톡톡히 할 것입니다. 아이돌 가수의 수는 왜 홀수일까? 옛날 이집트인의 계산법, 공평하게 케이크를 나누는 방법 등을 배울 수 있어요.

한편 2022년 개정 수학교과 과정에서는 수와 연산, 변화와 관계, 도형과 측정, 자료와 가능성 등 4개 영역으로 통합하였습니다. 이는 초등과 중등의 연계성 강화입니다. 〈초등 3·4학년 수학동화〉 시리즈는 교과 과정 변화에도 공통적으로 성취해야 할 수학 학습 내용이 모두 들어 있습니다. 부모님이 읽은 후 인지하여 서서히 생활 속에서 아이들과 대화를 이끌어나가면 중학수학, 고등수학에서도 유능하고 현명하게 소통하는 부모의 역할을 충분히 잘할 수 있답니다.

현재 세계 수학 교육의 방향을 선도하며 영향력을 미치는 기구로 1920년에 수학 교육 전문가들로 구성된 미국수학교사협의회(NCTM, The National Council of Teachers of Mathematics)가 있습니다. 21세기 인재 양성을 위해 NCTM에서 제시하는 수학 교육의 목표는, 수학적 문제를 해결하는 사람, 수학적으로 의사소통하는 사람, 수학적으로 추론하는 사람입니다. 부디 자녀와 학부모에게 수학적으로 소통할 수 있는 가교의 역할을 하길 기대하면서 이 책을 추천합니다.

계영희
고신대학교 유아교육과 명예교수, 전 한국수학사학회 부회장

작가의 말

"최근 발표된 보건복지부 통계에 따르면……."

"……합병증 발생으로 사망 위험 확률이 급격하게 올라갑니다."

뉴스를 보면 확률과 통계라는 말은 쉬지 않고 나와요. 확률이란 전체 경우의 수에서 일어날 경우의 수를 나눈 비율이에요. 확률이 처음 만들어진 것은 도박 때문이었다고 해요. 남들보다 더 높은 확률을 알아내서 돈을 따기 위해서였지요. 지금은 사회생활 곳곳에서 누구나 확률을 따져요. 실패할 위험을 줄이고, 조금이라도 더 완벽하고 성공에 다가가기 위해 과학적으로 분석하는 것이지요. 그래서 뉴스에 확률이 많이 나오는 것이랍니다.

우리는 명절 때 윷놀이를 해요. 윷은 확률 게임인데, 신기하게도 개가 많이 나오고, 윷이나 모는 잘 안 나와요. 윷에서 도가 나올 확률은 $\frac{4}{16}$, 걸이 나올 확률은 $\frac{4}{16}$, 개가 나올 확률은 $\frac{6}{16}$, 윷이 나올 확률은 $\frac{1}{16}$, 모가 나올 확률은 $\frac{1}{16}$이 나와야 해요. 그런데 실제로 윷놀이를 해보면, 이 확률과는 다르게 나와요. 모보다 윷이 많이 나오고, 윷보다 도가 많이 나와요. 왜냐하면 윷가락 안에 비밀이 숨어 있지요. 윷가락을 자세히 살펴보면, 정확히 반원으로 깎은 것이 아니라, 반원을 약간 넘게 깎아 놓았어요. 그래서 배가 보일 확률이 높은 거지요. 등이 나올 확률이 40%이고, 배가 보일 확률이 60%랍니다

(걸(35%) = 개(35%) 〉 도(14%) 〉 윷(13%) 〉 모(3%)). 우리 조상들은 게임을 훨씬 재미있게 만들려고, 확률을 다르게 조절해 놓은 거지요.

텔레비전이나 신문을 보면, 그래프가 많이 나와요. 동그란 원그래프, 길쭉길쭉 막대그래프, 오르락내리락 꺾은선그래프 등 여러 가지 모양의 그래프가 나오지요. 그래프란, 복잡한 자료를 그림으로 표현한 것이에요. 여러 자료를 모아서 그림으로 그리면 쉽게 알아볼 수 있으니까요. 또 표로는 알기 어려운 변화의 크고 작은 흐름도 한눈에 알아볼 수 있어요. 그래서 텔레비전이나 신문에서 그래프를 많이 사용하는 것이지요.

우리나라에는 통계청이란 곳이 있어요. 통계청이야말로 통계를 유용하게 사용하는 곳이랍니다. 국민들이 통계를 이용해 더 편리하게 살 수 있게 하기 위해서지요. 통계청은 인구 조사를 해서 사람들이 어느 곳에 얼마나 사는지 알아내기도 하고, 어느 지역에 일자리가 많이 필요한지 조사하기도 하지요.

확률과 통계는 수학 책 속에 있는 것이 아니라, 우리 일상생활 아주 가까이 있답니다. 우리가 확률과 통계를 잘 사용한다면, 우리는 훨씬 더 편리하고 넉넉한 생활을 할 수 있을 거예요. 수학이 필요한 이유, 바로 이것이 아닐까요?

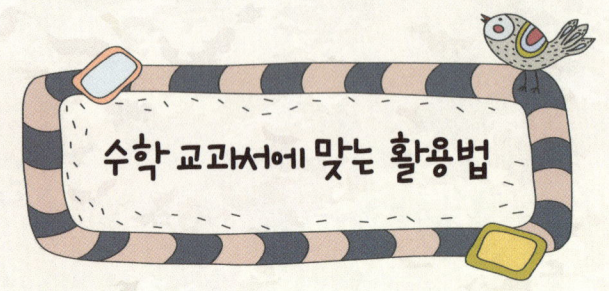

수학 교과서에 맞는 활용법

    2012년 1월 교육과학기술부는 사고력과 창의력을 키우고, 수학에 대한 흥미와 긍정적 인식을 높이기 위한 〈수학교육 선진화 방안〉을 발표하였습니다. 이 수학교육 선진화 방안의 일환으로 '스토리텔링 수학'이 도입되었습니다. 개정된 수학 교과서는 형식은 스토리텔링 수학을, 내용에서는 실생활 연계 통합교과형(STEAM) 수학을 보여주었습니다.

    스토리텔링 수학의 핵심은 수학을 단순히 연산능력이나 공식 암기로 생각하지 않도록 이야기를 활용해 쉽고 재미있게 배운다는 것입니다. 학생들에게 실생활이나 동화의 익숙한 상황을 제시해 수학에 대해 호기심과 흥미를 유발할 뿐 아니라, 더 나아가 수학에 대한 인식을 개선하고 스스로 학습하는 동기를 부여합니다. 예를 들어 수학을 실생활에서 이야기나 과학, 음악, 미술 등의 연계 과목과 함께 접목해 설명하면서 개념을 보다 쉽게 이해하게 하는 학습법입니다.

    이후 2022 개정 교육과정이 발표되었습니다. 수학 교과서가 검정으로 바뀐 뒤 학교마다 다른 교과서를 사용하지만 기본적으로 꼭 알아야 할 성취 기준은 공통입니다. 또한 초중등 수학의 목표는 '초등과 중등의 연계성 강화'입니다. 이를 위해 교과 영역을 통합하고 과정을 간소화합니다. 즉 크게 수와 연산, 변화와 관계, 도형과 측정, 자료와 가능성 등 4개 영역으로 통합하였습니다. 하지만 여전

히 단원 시작은 스토리텔링을 통해 학생들의 호기심과 흥미를 유발합니다.

그럼 스토리텔링 수학은 어떻게 준비해야 할까요? 전문가들은 일상에서 수학적 요소를 파악하는 것에 재미를 느낄 수 있도록 체험 활동과 독서 활동을 추천합니다.

「초등 3·4학년 수학동화」 시리즈는 이러한 수학교육의 변화에 맞춘 학습 동화입니다. 아이들에게 익숙한 명작동화나 전래동화의 주인공들과 저명한 수학자의 이름을 가진 주인공들이 동화나라를 구하기 위해 여러 가지 모험을 펼치는 이야기로 주인공들을 따라가다 보면 자연스럽게 학습 내용을 익히도록 구성되었습니다. 또한 한 장이 끝날 때마다 앞에서 배운 내용들을 정리하고, 책 속 부록인 '역사에서 수학 읽기', '생활 속에서 수학 읽기', '체육에서 수학 읽기' 등은 생활 연계 통합교과형 수학에 부합하도록 구성되어 있습니다.

「초등 3·4학년 수학동화」 시리즈는 수학을 좀 더 재미있고 쉽게 배울 수 있는 최적의 수학 동화 시리즈입니다. 동화 속 주인공들과 함께 신나는 모험을 떠나 보세요. 그러면 자신도 모르는 사이에 수학 개념과 문제 해결 방법을 깨닫고 수학에 흥미를 가지게 될 것입니다.

편집부

친구들을 소개할 게요.

◀ **파스칼**
책 읽기를 좋아하고, 수학 문제 푸는 건 더더욱 좋아해요. 매씨와 함께 수학 해결사가 되어 동화 주인공들의 문제를 해결해 줘요.

매씨 ▶
인간 나이로 치면 120살이나 된, 최초의 책 도서관을 지키는 늙은 개예요. 인간처럼 말할 수 있고, 수학도 잘하는 아주 특별한 개예요.

◀ **제크**
『제크와 콩 나무』의 주인공이에요. 황금 알을 낳는 암탉의 알을 팔아 장사를 시작하지만, 물건들이 어디 있는 지 찾지 못해 망해 버려서 매씨에게 도움을 요청해요.

◀ 노아

커다란 방주를 만들어 큰 홍수가 나기 전에 동물들을 모두 방주에 태우려 하지만, 어떻게 할지 몰라 매씨에게 도움을 요청해요.

로빈 후드 ▶

잘난 척하는 걸 좋아하는 셔우드 숲의 의적이에요. 세금으로 힘들어하는 사람들을 위해 존 왕의 지하금고를 털려고 해요.

◀ 홍길동

십 년간 도술을 배워 이제 세상에 나가려 하지만, 도사님은 아직 수련이 부족하다고만 해요. 도술의 부족한 점을 알기 위해 매씨에게 도움을 요청해요.

김선달 ▶

파스칼의 부탁으로, 오골계를 봉황이라 속여 비싸게 판 장사꾼을 혼내줘요.

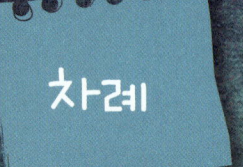

추천의 글 • 4
작가의 말 • 6
수학 교과서에 맞는 활용법 • 8
친구들을 소개할게요 • 10

사건 1

제크를 도와 거인의 보물을 분류하라 • 14

📖 자료 정리
　막대그래프

사건 2

노아의 방주에 탄 동물들을 정리하라 • 48

📖 자료 정리
　막대그래프

사건 3
통계로 나쁜 왕의 금고를 털어라 • 72
📖 막대그래프

사건 4
꺾은선그래프로 황 부자를 속여라 • 96
📖 꺾은선그래프

마지막 사건
도술의 부족한 부분을 찾아라! • 120
📖 자료의 표현과 해석

사건 1
제크를 도와 거인의 보물을 분류하라

📖 자료 정리
막대그래프

그날은 몹시 수상한 날이었어요. 금방이라도 비가 쏟아질 듯 먹구름이 끼더니 어느새 밝은 햇볕이 내리쬐다가 갑자기 폭풍이 세차게 몰아치며 거리에 나뭇잎들이 흩날렸어요. 아빠는 잔뜩 찌푸린 얼굴로 현관을 들락거렸어요.

"우산을 들었다가 놓았다가 비옷을 입었다가 벗었다가……. 대체 몇 번째인지 모르겠군."

아빠는 투덜거렸지만, 파스칼은 흥미로운 얼굴로 거리를 관찰하고 있었어요. 파스칼은 보통 아이들과는 다른 눈빛을 가졌어요.

파스칼의 아빠는 회계사예요. 항상 동전 하나 놓치지 않을 정도로 정확했고, 시곗바늘처럼 철저하게 시간을 지켰죠. 하지만 파스칼에게는 이해할 수 없는 일을 시켰어요.

"파스칼! 아이는 책을 많이 읽으면 안 되고, 수학을 공부하면 더더욱 안 된다!"

파스칼은 정말 이해할 수 없었어요. 다른 집 부모들은 아이들에게 책을 더 많이 읽고, 공부도 더 많이 하라고 시켰지만, 아빠는 정반대였거든요.

파스칼은 책을 정말 좋아하고 수학 공부도 무척 좋아했어요. 파스칼이 세 살 때 엄마가 돌아가셨는데, 파스칼은 엄마가 보고 싶으면 책을 읽었어요. 특히 수학 문제를 풀면서 정신을 집중하면 세상의 모든 외로움이 사라지는 것 같았거든요. 하지만 아빠는 너무 어렸을 때 공부를 많이 하면 오히려 머리가 망가져서 나빠진다고 생각했어요.

콰르르릉. 번쩍번쩍.

하늘이 무너질 듯 천둥이 울리고 번개가 치면서 세상이 환해졌다가 다시 어두워졌어요.

"네 방으로 들어가라! 나는 일이 있어 나가 봐야 하니 꼼짝 말고 방에 들어가 있어!"

아빠는 서둘러 비옷과 우산을 챙겨들고 현관을 나섰어요. 파스칼은 창문을 통해 아빠가 거센 바람에 흔들리며 간신히 걸어가는 뒷모습을 물끄러미 지켜봤어요.

그때 개 한 마리가 파스칼의 눈에 들어왔어요. 길 건너 집 앞에 비에 쫄딱 젖은 털북숭이 개가 앉아 있었어요. 개는 파스칼의 방 쪽을 계속 바라보고 있었어요. 처음 보는 낯선 개였죠.

파스칼은 한참 동안 침대에 앉았다가 다시 창문 틈으로 개를 살펴봤어요. 그런데 그 개는 비바람을 그대로 맞으며 꼼짝하지 않고 파스칼의 창문 쪽만 쳐다봤어요. 마치 파스칼을 기다리고 있기라

도 하듯이.

'뭐지? 저 개는 꼭 사람 같은 표정을 짓고 있잖아?'

파스칼은 아빠의 명령을 어길 수밖에 없었어요. 개에게 줄 치즈 한 조각을 들고 노란 우비를 입고는 개에게 다가갔어요.

개는 펄쩍펄쩍 뛰거나 꼬리를 흔들거나 도망가지 않았어요. 단지 코를 찡긋거리며 '왜 이제야 왔냐?'는 듯 다소 지친 표정으로 파스칼의 얼굴을 살폈을 뿐이죠.

개는 파스칼 네 집으로 앞장서서 걸어갔어요. 파스칼은 어리둥절해서 개를 따라갔죠. 개는 파스칼의 방으로 들어가더니 방 안을 구경하듯 두리번거렸어요. 그러고는 온몸을 흔들며 젖은 털을 털었어요.

"푸후, 나이가 드니 기다리는 것도 힘드네."

순간, 파스칼은 자신의 귀를 의심했어요. 분명히 사람처럼 말을 했어요.

"으악! 설마 말을 한 거야? 개가?"

"말하는 개 처음 보니? 특별한 개라면 말은 할 수 있어야지."

개는 별일 아니라는 듯 으쓱하고는 다시 심각한 표정을 지었어요. 파스칼은 너무 놀라 입이 얼어붙었죠.

"내 소개가 늦었군. 내 이름은 매씨야."

"매, 매씨라고?"

"이 방을 너 혼자 정리했니?"

"응. 그, 그래. 난 엄마가 안 계시거든. 아빠는 이런 일은 내 힘으로 하라고 하시면서 절대 도와주지 않아."

파스칼은 어리둥절한 얼굴로 말까지 더듬었어요.

"오호, 이 옷과 모자, 장난감들을 봐. 어떻게 이렇게 정리를 잘 했지?"

매씨가 눈을 지그시 뜨며 칭찬하자 파스칼은 우쭐했어요.

"물론 나 혼자 터득한 나만의 방법이 있지. 내 방법을 사용하면 정리를 금방 할 수 있고, 또 물건도 쉽게 찾을 수 있어. 한 번 어지러워진 방을 원래대로 다시 정리하기도 쉽지."

"오호, 그런 방법이 있단 말이야?"

매씨는 믿기지 않는다는 듯 과장된 몸짓으로 놀란 척했어요.

"분류! 분류를 잘하면 돼."

기분이 좋아진 파스칼이 소리쳤어요.

"분류? 분류라고?"

"그래, 분류라는 건 기준을 정해서 같은 성질끼리 종류별로 나누는 거야. 분류를 잘하면 종류별로 정리를 할 수 있거든. 잘 봐."

파스칼은 나무 블록을 상자에 하나씩 넣으면서 말을 이었어요.

"분류를 하려면 기준부터 정해야 해. 이 기준을 분류 기준이라고 해. 난 지금 분류 기준으로 물건을 정리한 거야."

"분류 기준은 또 뭐야?"

매씨가 고개를 갸우뚱하며 물었어요.

"분류 기준은 사물의 성질이나 특징 등을 이용해 종류별로 알기 쉽게 나누는 기준이지. 색깔이면 색깔, 모양이면 모양을 종류별로

나누는 거야. 아무런 기준이 없이 물건을 나누어 놓는 것은 분류가 아니야. 특징이 같거나 비슷한 것끼리 종류별로 구분하면 그게 바로 분류인 거야."

어지러웠던 블록들이 하나씩 정리되기 시작했어요. 색깔과 모양에 맞춰 블록들을 칸칸이 넣자 파스칼 말대로 금방 정리가 끝났어요.

"나도 분류 기준으로 사람을 구분할 수 있지. 똑똑한 사람과 똑똑하지 않은 사람."

매씨는 입술을 실룩거리며 거들먹거리듯 말했어요.

"그건 분류 기준이라고 할 수 없어."

파스칼이 대꾸했어요.

"왜?"

"사람에 따라 다르게 보이기 때문이지. 맛있는 것과 맛없는 것을 분류할 수 없는 것처럼. 사람마다 맛있는 것과 맛없는 게 다르니까."

파스칼의 설명에 매씨는 알아들었다는 듯 "흠." 하고 꼬리를 살랑살랑 흔들었어요.

"키가 큰 사람과 키가 작은 사람으로는 분류할 수 있어?"

매씨의 질문에 파스칼이 단숨에 대답했어요.

"없어! 분류 기준이 적절하지 않잖아. 얼마부터 키가 크고, 작은지에 대한 기준이 없잖아."

"예쁜 사람과 못 생긴 사람으로는?"

"그것도 안 돼. 사람마다 보는 눈이 다르잖아."

"안경 쓴 사람과 안 쓴 사람은?"

"그건 분류할 수 있지. 분류 기준이 적당해. 누구나 쉽게 분류할 수 있을 거야. 그런데 매씨, 이렇게 쉬운 질문에 계속 대답해야 해? 난 쉬운 문제를 반복적으로 푸는 건 딱 질색이야."

매씨의 연속된 질문에 파스칼은 지쳤다는 듯 고개를 흔들었어요.

"푸하핫! 그쯤은 나도 알아. 넌 내가 평범한 개로 보이니? 난 말도 할 줄 알지만 수학을 할 줄 아는 특별한, 아주 특별한 세상에 단 한 마리뿐인 개란 말이야. 지금까지 너한테 질문한 건 널 테스트한 거야."

매씨는 이렇게 말하며 바닥에서 한바탕 뒹굴었어요. 개에게 테스트를 받다니! 파스칼은 어리벙벙해졌죠.

"역시 넌 보통 아이는 아니야. 너도 나처럼 특별한 아이가 분명해. 그래서 내가 널 선택한 거야."

> **TIPS**
>
> ### 셀 수 있는 것과 셀 수 없는 것들은 어떻게 분류할까요?
>
> 셀 수 있는 것들은 하나, 둘, 셋……으로 숫자를 셀 수 있고, 셀 수 없는 것들은 낱개 개념이 애매해서 뭉뚱그려지는 것들이에요. 사과, 과자, 책, 연필, 상자 등은 셀 수 있는 것들이에요. 여러 개가 딱 보이는 것들이지요.
>
> 모래, 설탕, 소금, 물, 커피, 간장 같은 것들은 셀 수 없는 것이에요. 물론 세려고 마음먹으면 셀 수도 있겠지만, 모래나 설탕, 소금을 한 알씩 세려는 사람은 없을 거예요. 또 물통은 셀 수 있어도 물통 속에 담긴 물은 셀 수 없어요. 커피나 간장도 통을 셀 수는 있어도 커피 자체, 간장 자체는 셀 수 없잖아요. 그래서 이런 것들은 셀 수 없는 것들로 분류하지요.
>
> 셀 수 있는 것과 셀 수 없는 것을 분류하는 것은 매우 중요하고, 꼭 배워야 해요. 왜냐하면 우리말에는 셀 수 있는 것과 셀 수 없는 것을 분류하지 않지만, 영어를 사용하는 사람들은 분류해서 사용하거든요. 셀 수 있는 명사를 가산명사, 셀 수 없는 명사를 불가산명사라고 구분하지요. 그래서 영어를 하려면 셀 수 있는 것과 셀 수 없는 것을 꼭 구분할 줄 알아야 해요.

"네가 날 선택했다고? 내가 널 데려온 게 아니고?"

"그래. 내가 널 선택했지. 난 오래전부터 널 눈여겨보고 있었거든. 너처럼 수학을 좋아하는 아이는 본 적이 없어. 더구나 너처럼 한 번 문제를 풀기 시작하면 놓지 않는 아이는 처음 봐."

"그런데 왜 날 선택한 거야? 앞으로 내가 널 밥 주고, 목욕시켜 주고, 산책시켜 줘야 하는 거야?"

매씨는 고개를 흔들더니 시무룩해졌어요.

"뭐, 하고 싶으면 하던가. 내가 널 찾아온 이유는 다른 거야. 나 혼자서는 해결할 수 없는 문제들이 자꾸 벌어져서 도움을 요청할 사람을 찾다가 널 찾은 거지. 파스칼, 날 도와줄 거지?"

파스칼은 '뭔 소리야?'라는 멀뚱한 표정으로 매씨를 바라봤어요.

"이건 나 혼자만의 문제가 아니야. 어쩌면 아이들이 모두 슬픔에 빠질 만큼 심각한 문제라고. 더구나 난 너무 늙었어. 사람 나이로 치면 백이십 살이나 됐단 말이지. 쿨럭."

매씨는 억지로 기침을 하며 물기가 어린 눈동자로 파스칼을 애원하듯 바라봤어요. 파스칼은 집밖으로 나가지 말라던 아빠의 말이 생각났어요.

파스칼의 마음을 알아챘는지 매씨가 앞발을 흔들었어요.

"걱정 마. 너희 아빠가 돌아오기 전에 집에 올 테니까. 오늘 아빠는 밀린 일을 하느라고 많이 늦으실 거야. 더구나 날 따라가면 네가 좋아하는 책을 마음껏 읽을 수 있다고!"

책이라는 말에 파스칼은 눈동자가 반짝거렸어요. 매씨는 어느새 꼬리를 흔들며 현관을 나섰어요.

신기하게도 그 순간, 비바람이 그치고 다시 해가 나왔어요.

매씨는 숲속의 외진 산길로 접어들었어요. 기분이 좋은지 매씨는 흥얼흥얼 콧노래를 부르며 발걸음이 가벼웠지만, 파스칼은 으슥하고 후미진 곳이라 왠지 으스스했지요. 높지 않은 고개를 넘자 녹색의 덩굴로 에워 쌓인 버려진 집 한 채가 눈에 들어왔어요.

"다 왔어. 어서 들어가자."

현관이 아니라 매씨가 들어간 개구멍으로 파스칼은 기어들어갔어요. 그런데 그곳은……!

"와! 이게 다 뭐야?"

밖에서 보던 모습과는 전혀 다른 모습에 파스칼은 저절로 감탄이 터졌어요.

"도서관이잖아!"

작은 창문으로 새어 들어오는 햇빛에 어마어마하게 많은 책들이 가지런히 정리된 채 조용히 숨 쉬고 있었어요. 바닥부터 높은 천장까지 사다리를 타고 올라가야 꺼낼 수 있는 책들로 집 전체가 채워져 있었죠.

매씨는 빨간 소파 위에 편안하게 앉았어요.

"세계에서 단 하나밖에 없는 최초의 책 도서관에 온 걸 환영해."

"최초의 책이라니?"

"여기 있는 책들은 작가가 처음 만든 최초의 책이란 뜻이야. 그래서 이렇게 특별하게 보존하고 있지."

파스칼은 먹을 걸 앞에 둔 아이처럼 군침을 꿀꺽 삼켰어요.

"내가 마음대로 꺼내 봐도 되는 거야? 도서관의 주인은 누군데? 허락을 받아야 할까?"

파스칼의 질문에 매씨가 콧등으로 한쪽 벽을 가리켰어요. 거기에는 커다란 황금빛 액자 속에 근엄하게 앉아 있는 콧수염 할아버지가 그려져 있었죠.

"주인님은 오 년 전에 돌아가셨어. 그래서 지금은 나 혼자 이곳을 지키고 있어."

매씨는 주인을 그리워하는 목소리로 말했어요. 파스칼은 매씨를 위로하는 마음으로 매씨의 머리를 쓰다듬었어요.

"그러니까 나보고 도와달라는 일은 이 책들을 정리하는 일이구나? 내가 분류를 잘하고 정리를 잘하니까."

파스칼이 묻자 매씨는 고개를 흔들었어요.

"그 정도 일은 나 혼자 얼마든지 할 수 있어. 네가 도와줘야 할 일은 훨씬 중요한 일이야. 그러니까 그 일은 우리의 의뢰인들이 위험에 빠지면 구해줘야 하는 일인데……."

매씨가 말을 하던 중에 전등 옆의 세 번째 칸에서 책 한 권이 흔들렸어요. 마치 집에 잘못 날아든 새처럼 책은 표지를 펄럭거리더니 바닥에 툭 떨어져서 푸드덕거렸어요.

그 책의 표지에는 하늘 높이 치솟은 나무를 기어 올라가는 한 소년과 잠자는 거인이 그려져 있었어요.

"제크와 콩나무잖아. 이 책 정말 읽고 싶었는데!"

파스칼이 책을 펼치자 눈부신 빛이 뿜어져 나왔어요.

"매씨! 도와줘!"

책 속에서 누군가가 소리쳤어요. 그러자 매씨가 벌떡 일어나 귀를 쫑긋 세우고 달려왔죠.

"사건 의뢰가 들어왔어! 제크에게 위험한 일이 닥친 모양이야!"

"제크라니?"

얼떨떨해 하는 파스칼의 바지 끝을 물고 매씨가 재촉했어요.

"자세한 건 나중에 설명해줄게. 어서 날 따라와."

매씨는 책을 바닥에 반듯하게 펼쳐놓고는, 분필을 물고 테두리에 네모난 사각형을 그렸어요. 그리고 몇 걸음 뒤로 물러나더니 마치 뼈다귀를 본 굶주린 개처럼 책을 향해 미친 듯이 달려갔어요.
 "코기토 에르고 숨!"
 매씨가 그대로 바닥에 머리를 박고 고꾸라질 줄 알았지만, 놀라운 일이 일어났어요. 사각형이 문 열리듯 열리더니 매씨가 빨려 들어가듯 책 속으로 사라졌어요.
 파스칼은 뭘 해야 할지 몰라 눈을 씀벅거렸어요. 그러자 매씨의

머리만 책에서 다시 빠져나와 파스칼의 바지를 물고 잡아당겼어요.

"으악!"

비명과 함께 파스칼은 무지갯빛으로 빛나는 구멍 속으로 떨어졌어요.

정신을 차리자 낯선 풍경이 눈앞에 펼쳐졌어요. 그것은 거대한 물건들이 있는 집이었죠. 식탁은 건물처럼 컸고, 침대는 운동장만큼 길고 넓었어요. 밥그릇은 가마솥만 했고, 접시는 욕조만큼 커다랬어요.

"여…… 여기가 어디지?"

"여기는 동화 나라야. 우리는 지금 거인의 집에 온 거야."

파스칼이 놀란 얼굴로 주변을 두리번거릴 때였어요.

쿵, 쿵, 쿵.

어디선가 땅을 울리는 발소리가 들렸어요. 몸집은 집채보다 더 크고, 눈은 왕방울처럼 부리부리하고, 목소리가 천둥처럼 울리는 거인이 나타났어요. 잘못해서 거인의 발에 밟히기라도 하면 종이처럼 납작해져 버릴 것 같았죠.

거인은 침대에 벌렁 눕자마자 코를 골며 잠이 들었어요.

드르렁, 쿨. 드르르렁, 쿨쿨.

거인의 코 고는 소리는 천둥소리만큼 우렁찼어요.

"제크! 제크, 어디 있니?"

매씨가 숨죽여 불렀어요.

"쉿! 조용히 해!"

누군가 등 뒤에서 나타났어요. 빨간 머리에 주근깨가 잔뜩 난 제크였어요.

"제크, 왜 또 거인의 집에 올라온 거야? 지금쯤이면 황금 알을 시장에 팔아서 엄마랑 행복하게 살고 있어야 하는 거 아니야?"

매씨는 제크와 친한지 제크에 대해 잘 알고 있었어요.

"그게 그러니까……."

제크가 주저앉으며 울상이 되었어요.

"처음에는 황금 알을 시장에 팔아 부자가 됐어. 그 돈으로 우리는 큰 상점을 열었어. 그런데 장사를 처음 해봐서 우리는 손님들이 어떤 물건을 원하는지 잘 알지 못했어. 또 손님들이 와서 물건을 찾으면 그 물건이 어디 있는지 찾지를 못했고, 우리 상점에 어떤 물건이 얼마나 있는지도 알지 못했어. 결국 우리 상점은 망하고 말았어."

"그래도 황금 알을 낳는 암탉이 있으니까 다시 팔아서 돈을 만들면 되잖아."

매씨의 질문에 제크는 주저하더니 다시 털어놓았어요.

"그게……. 그러니까 엄마와 나는 한꺼번에 큰돈을 갖고 싶었어. 암탉의 배를 가르면 아주 큰 황금이 있을 것 같았어. 그래서 그만……."

"어이쿠! 욕심을 너무 부렸구나!"

"결국 우린 다시 가난해지고 말았지."

제크는 어깨를 축 늘어뜨린 채 소매로 눈물을 닦았어요.

"흠, 내 생각에는 말이지. 제크는 수학을 몰라서 가난해진 거 같아."

파스칼은 심각한 표정을 지으며 제자리를 왔다 갔다 했어요.

"수학이랑 암탉이 무슨 상관이야?"

"아까 상점을 열었을 때 손님들이 어떤 물건을 원하는지 몰랐다고 했지? 그리고 물건을 잘 찾지도 못했고, 상점에 물건이 얼마나 있는지도 몰랐다고 했지?"

"그랬지. 그게 뭐?"

"그게 바로 수학이야. 제크는 분류를 할 줄 몰라서 상점이 망한 거야. 물건을 잘 분류해 놓으면 찾기도 쉽고, 어떤 물건이 얼마나 있는지 알아내기도 쉬워."

파스칼의 말에 매씨가 고개를 끄덕였어요.

"하긴 그래. 수학은 사람들의 삶 속에서 벌어지는 문제를 해결해 주거든. 난 도서관에 책들을 종류별로 정리해 놔. 일정한 기준에 따라 정리가 돼 있지 않다면, 책을 찾거나 책의 수량을 계산하기 어려워. 그리고 그렇게 정리된 물건을 표나 그래프로 나타내면 어떤 물건이 얼마나 넘치고, 부족한지 알 수 있지."

"표와 그래프? 지금 표와 그래프라고 한 거야?"

파스칼이 눈을 반짝이며 흥미를 보였다.

"그래. 표와 그래프는 여러 가지 자료를 조사해서 알아보기 쉽게 할 뿐만 아니라, 미래에 어떤 일이 벌어질지 예측할 수 있게 해주거든."

매씨의 말에 파스칼의 입이 벌어졌어요.

"넌 역시 보통 개가 아니구나. 지구 최고의 특별한 개가 분명해!"

"지금 이러고 있을 때가 아니야. 제크를 도와서 사건을 해결해야지. 그래, 제크, 우리가 어떻게 해줬으면 좋겠어?"

"거인의 집에서 돈이 될 만한 거를 가져가려고 왔는데, 뭘 가져가야 할지 모르겠어. 그래서 널 부른 거야."

파스칼과 매씨는 거인의 집을 둘러봤어요. 그러나 물건들이 어지럽게 쌓여 있을 뿐 황금이나 보석 같은 건 보이지 않았죠.

"이럴 때는 어떻게 하지?"

그때 어디선가 다투는 소리가 들렸어요. 책장 뒤에 생쥐들이 모여 옥신각신 말싸움을 하고 있었어요.

"치즈범벅이 최고라니까!"

"그건 어제 먹었잖아. 말랑말랑한 닭고기 샌드위치로 해!"

"그딴 걸 왜 먹어. 프랑스식으로 요리한 바삭바삭 마늘빵이 좋잖아!"

생쥐들은 저녁식사로 무엇을 먹을지를 놓고 싸우는 중이었어요.

"휴! 생각이 다 다르니 식사 때마다 싸우네."

엄마 생쥐가 앞치마로 손을 닦으며 푸념했어요.

"아줌마, 제가 도와드릴게요. 생쥐들의 생각을 한눈에 알아볼 수 있는 방법이 있어요."

엄마 생쥐는 귀를 쫑긋 세우고 파스칼에게 다가왔어요.

파스칼은 생쥐들에게 한 마리씩 돌아가면서 의견을 물었어요. 그리고 바닥에 선을 그어 표를 만들었죠.

몰리	치즈범벅
톨리	닭고기 샌드위치
우리	마늘빵
마리	마늘빵
바리	닭고기 샌드위치
종리	다이어트
나리	고기스프
다리	우유
올리	삶은 달걀
주리	고기스프
홍리	치즈범벅
영리	닭고기 샌드위치
정리	닭고기 샌드위치
유리	마늘빵
수리	우유

"이렇게 표로 나타내면 돼요. 표를 이용하면 종류별로 수를 알아보는 데 편리하고 자료의 전체 수를 알아보는 데에도 편리해요."

파스칼의 말에 엄마 생쥐가 손뼉을 쳤어요.

"오호, 아이들 생각을 한눈에 보기 쉽게 정리해 놓았네. 각자 어떤 것을 좋아하는지, 가장 많은 아이가 좋아하는 게 무엇인지 알 수 있구나."

"닭고기 샌드위치를 먹자고 하는 아이는 몇 마리지?"

"4마리요."

"삶은 달걀을 먹자고 하는 아이는 누구니?"

"올리예요."

파스칼의 말대로 표로 만들어 놓으니까 한눈에 알아보기 쉬웠어요. 아이들이 먹고 싶어 하는 음식이 무엇인지, 또 어떤 음식을 몇 명이 원하는지도 알 수 있었죠.

"좋구나, 아주 좋아. 앞으로 식사 시간에 다툴 일은 없겠어. 너희도 우리랑 같이 닭고기 샌드위치를 먹지 않을래?"

생쥐 엄마의 초대에 파스칼과 매씨 그리고 제크는 식탁에 둘러앉았어요.

샌드위치를 막 입에 넣으려는 순간, 다시 생쥐들이 다투기 시작했어요.

"내가 인기 있어!"

"아니야, 인기는 내가 최고야!"

"인기하면 올리지. 올리는 예쁘잖아!"

생쥐들은 서로 자기가 가장 인기 있다고 자랑을 해대느라 식사 시간은 엉망이 됐어요.

"조용! 조용! 수학을 모르니까 자꾸 다투는 거야. 이건 표를 만들면 금방 해결될 일이야."

파스칼은 그릇을 두드리며 생쥐들을 조용히 시켰어요. 그리고 생쥐들에게 가장 좋아하는 생쥐가 누구인지 투표를 하라고 했죠.

〈인기 있는 여자 생쥐 표〉

이름	몰리	우리	나리	올리	유리	합계
수(마리)	3	4	2	1	5	15

"표를 보니까 1표라도 나온 생쥐는 5마리네. 또 어떤 생쥐가 몇 표를 받았는지, 가장 인기가 있는 생쥐가 누구인지도 알 수 있지. 이처럼 표로 나타내면 수량을 종류별로 나타낼 때 편리해요. 또 수량을 비교하기도 쉽지."

"와! 표는 어떻게 만드는 거야?"

생쥐들이 파스칼에게 달려들며 물었어요. 파스칼은 친절하게 생쥐들에게 표로 나타내는 법을 알려주었죠.

"아참, 이러고 있을 때가 아니지. 생쥐 아줌마, 이 집에서 가장 값어치 나가는 물건이 뭐예요?"

"그건 바로 하프야."

생쥐들이 합창을 하듯 말했어요.

거인 옆에는 커다란 하프가 하나 놓여 있었는데, 그 하프에서 계속 자장가가 흘러나왔어요. 가만 살펴보니 하프가 노래를 하고 있었어요.

"와!"

제크와 파스칼은 거인 옆에 놓인 하프를 슬그머니 들어 올렸어요. 그러자 하프가 노래를 하다 말고 소리쳤지요.

"주인님, 도둑이 저를 훔쳐가려고 해요!"

파스칼은 소리치는 하프의 입을 틀어막았어요. 그리고 셋은 콩나무를 타고 후다닥 집으로 내려와 재빨리 콩나무를 베어 버렸어요.

"휴! 너희 덕분에 다시 보물을 얻었어. 이 하프는 팔지 않고 상점에서 노래를 부르게 해야겠어. 그러면 손님이 몰려올 거야."

제크는 진심으로 고마워했어요.

"내가 알려준 표 만드는 법을 이용하면 너희 상점은 반드시 성공할 거야."

"그래, 명심할게. 수학이 나를 부자로 만들어줄 거야!"

매씨가 제크와 인사한 후, 제크의 집 한쪽 벽을 노크하자 놀랍게도 벽에 네모난 문이 생겼어요. 매씨가 그 문을 열자 무지갯빛이 쏟아졌어요.

"어서 돌아가자. 너희 아버지께서 돌아오고 있어."

그러고는 매씨가 주문을 외쳤어요.

"코기토 에르고 숨!"

매씨와 파스칼이 문으로 뛰어 들었어요. 그러자 신기하게도 파스칼의 방에 도착했죠. 그 문은 바로 파스칼의 방문이었어요.

철컥.

때마침 현관이 열리는 소리가 들렸어요. 아빠가 돌아온 거예요. 파스칼은 얼른 아무것도 안 한 듯 얌전히 앉아 있었어요. 매씨는 침대 밑으로 기어들어갔죠.

아빠가 파스칼의 방문을 열었어요.

"내 사랑하는 아들, 역시 공부를 안 하고 책도 안 읽었구나. 착하

구나."

　아빠는 파스칼을 칭찬했어요. 그러다가 에취, 하고 재채기를 했죠.

　"이상하군. 개도 없는데 왜 개털 알레르기처럼 콧속이 간지럽지? 파스칼, 아빠가 사온 햄을 먹자. 에에취!"

　파스칼은 아빠와 함께 맛있는 저녁식사를 했어요. 비록 생쥐 엄마가 만들어준 샌드위치보다는 맛이 없었지만요. 파스칼이 다시 방으로 돌아오자 창문이 열려 있었어요. 매씨는 보이지 않았고, 『제크와 콩나무』만이 바닥에 떨어져 있었지요.

　파스칼은 침대에 누워 책을 펼쳤어요. 책 속에선 행복해진 제크가 미소를 짓고 있었어요.

분류 기준으로 분류할 수 있는 것들

물건을 정리하는 데는 여러 가지 방법이 있어요.
분류 기준을 확실히 정해서 거기에 맞춰 나누는 것이 가장 중요해요.

1. 먹을 수 있는 것과 아닌 것으로 구분

   먹을 수 있는 것

   먹을 수 없는 것

2. 색깔별로 구분

   빨간색

   노란색

   파란색

역사에서 수학 읽기

사람들을 흑사병에서 구해낸 자료의 정리

수학은 사람이 사람답게 사는 데 꼭 필요한 학문이지요. 자료를 잘 정리하면 사람의 목숨을 구할 수도 있어요.

페스트라는 무서운 전염병이 전 세계를 휩쓸던 1603년 때예요. 페스트는 흑사병이라고 부르기도 하는데, 쥐가 옮기는 병으로 한 번 걸리면 열이 펄펄 나면서 대부분 목숨을 잃게 되는 무시무시한 병이에요. 지금은 페스트를 치료할 수 있는 약이 만들어졌지만, 옛날에는 페스트를 치료할 약도 없고, 왜 걸리는지도 알 수 없었어요. 신이 내린 저주인 줄로만 알았지요.

페스트가 한 번 퍼지기 시작하면 너무나 빨리 번져서 다섯 명 중에 한 명은 죽을 정도였어요. 어떻게 하면 페스트를 예방할 수 있는지 사람들은 몰랐기 때문에 더욱 큰 공포에 빠졌지요. 그런데 페스트를 이겨낼 수 있도록 도와준

그림1 1411년 토겐부르크 성서에 그려진 흑사병 환자

것이 바로 수학에서 자료의 정리라는 분야랍니다.

영국에서 페스트가 무섭게 번져나갈 때 런던의 한 교회에서는 죽은 사람의 수를 표로 만들었어요. 교회에서는 집집마다 돌아다니면서 어디서 얼마나 많은 사람이 죽었는지, 현재 살아있는 사람은 얼마나 되는지 조사를 했고, 많은 사람들에게 알려주었어요.

또 수학으로 사람의 목숨을 구한 위인이 있었어요. 그라운트는 수학자가 아니라 영

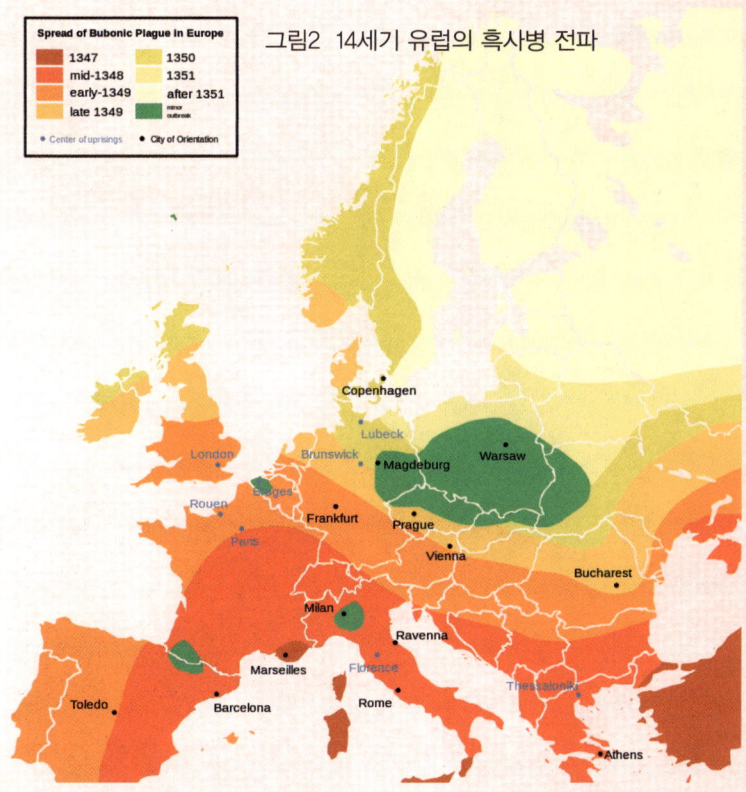

그림2 14세기 유럽의 흑사병 전파

국 런던에서 옷감과 잡화를 팔던 평범한 잡화 상인이었어요. 그런데 그라운트는 런던 사람들에게 페스트의 상황을 알려주려고, 통계를 분석해서 표로 만들었지요. 이 표를 보면 어느 지역에 페스트가 심한지, 어느 마을이 안전한지 알 수 있었어요. 런던 시민들은 이 표를 보고, 어디로 도망가야 할지 판단했으며, 그라운트의 표 덕분에 많은 생명을 구했어요. 표로 그렸기 때문에 사람들이 알기 쉬웠던 거예요. 이것은 세계 최초의 통계 분석표였어요. 그라운트는 언제 태어나고, 언제 죽었는지 알 수 없지만, 수학사에 기록된 훌륭한 인물이랍니다.

사건 2
노아의 방주에 탄 동물들을 정리하라

📖 자료 정리
막대그래프

쏴아아아.

"비가 내리는 게 아니라, 아예 쏟아 붓는군."

아빠의 얼굴은 먹구름이 잔뜩 낀 하늘만큼이나 어두웠어요.

"이러다간 온 동네가 물에 잠기겠어. 허, 참. 이런 비는 처음 봐. 세상이 멸망할 지경이로군. 하늘에 무슨 일이 벌어진 거야?"

아빠는 창문으로 잿빛 하늘을 올려다보며 화가 난 목소리로 투덜거렸죠. 아빠는 부자 고객과 중요한 약속이 있었어요. 그런데 폭우 때문에 약속이 취소된 거예요.

파스칼은 무거운 집안 분위기로 아빠의 눈치를 보며 발꿈치를 들고 걸어다녔어요. 파스칼은 커튼을 젖히고 길 건너 집을 바라봤어요.

'그날도 비가 내렸었지.'

파스칼은 기억을 떠올렸어요. 매씨가 나타난 날, 비에 쫄딱 젖은 채 매씨는 파스칼의 방을 바라보고 있었어요. 하지만 지금은 매씨 그림자도 보이지 않았죠.

'참 멋진 모험이었는데…….'

매씨와 동화 나라를 다녀온 지 벌써 한 달이 지났어요. 정말 꿈만 같은 여행이었죠. 파스칼은 망설이다가 조심스럽게 입을 열었어요.

"아빠, 책을 읽어도 될까요?"

아빠는 소파에서 반쯤 잠이 든 터라 듣는 둥 마는 둥 고개를 끄덕였어요.

파스칼은 밝은 얼굴로 책장으로 다가갔어요. 그러나 그때 들려온 아빠의 목소리.

"흠…… 파스칼, 책을 읽겠다면 성경을 읽어라. 다른 책은 안 돼. 특히 수학 책 같은 건 절대 허용할 수 없어."

그 말을 남기고 아빠는 코를 골며 잠이 들었어요. 파스칼의 입에서 한숨이 터져 나왔어요.

그러나 파스칼은 아빠가 하지 말라는 일을 하는 아이는 아니었어요. 파스칼은 방으로 돌아왔어요. 거센 바람에 창문이 저절로 열렸는지 비바람이 방 안으로 몰아치고 있었어요. 파스칼은 간신히 창문을 닫고는 책상 앞에 앉았어요.

따분한 성경을 읽어야 한다니, 벌써부터 하품이 나왔지만 아무것도 하지 않는 것보다는 나았어요. 그런데 책상 위에 처음 보는 성경책이 눈에 들어왔어요. 표지가 부드러운 가죽으로 된 매우 오래된 책이었죠. 책장을 넘기자 삐뚤삐뚤한 글자가 시선을 잡았어요.

얼마나 엉망으로 쓴 글씨였는지 한참을 들여다봐야 알아볼 수 있을 정도였죠.

'펜을 입으로 물고 썼나? 여길 읽어보는 게 아니라 들어오라고?'

파스칼은 반쯤 접혀진 성경책의 한 페이지를 펼쳤어요. 거기에는 개의 이빨 자국이 있었고, 하얀 개털도 묻어 있었어요.

파스칼은 그제야 깨달았어요. 이 성경책은 아주 특별한 책이라는 것을. 이것은 바로 최초의 책 도서관에 있는 책이고, 이 글씨는 매씨가 쓴 글씨라는 것을요.

'여기로 들어오라는 건 새로운 모험이 기다리고 있다는 뜻이겠지?'

파스칼은 손바닥이 땀으로 촉촉해지는 걸 느꼈어요. 파스칼은 어떻게 성경책으로 들어가야 할지 궁리하다가, 매씨가 했던 방법을 그대로 따라하기로 했어요.

성경책을 바닥에 펼쳐놓고 분필로 테두리에 사각형을 그렸어요. 그리고 매씨가 했던 말을 외쳤어요.

"코기토 에르고 숨!"

역시 사각형이 문처럼 열리면서 무지갯빛이 뿜어져 나왔어요. 파스칼은 용기를 내어 구멍으로 뛰어들었어요.

"매씨, 어디 있니? 매씨?"

파스칼의 다리에 뭔가가 걸렸어요. 파스칼의 눈이 빛에 익숙해지자 보인 건 어마어마하게 큰 비단구렁이가 똬리를 튼 채 혀를 날름거리는 모습이었어요.

"으악!"

파스칼은 비명을 지르며 도망쳤어요. 뒤를 힐끔거리다가 이번에는 카펫처럼 푹신한 것에 부딪쳤어요.

크아아앙. 크앙!

그건 사자의 엉덩이였어요! 갈기털이 무성한 사자가 큰 이빨을 드러내며 울부짖었어요. 파스칼은 머리카락이 쭈뼛 서서 다시 반대로 도망쳤어요. 한참을 도망치다가 나무 밑에 주저앉아 거친 숨을 몰아쉬었어요. 그때 나무 위에서 털이 달린 지팡이가 내려왔어요. 파스칼은 주저하며 지팡이를 잡아 당겼지요.

카아앙, 카앙!

그것은 호랑이 꼬리였어요. 나무 위에서 낮잠을 자던 호랑이가 누가 날 깨웠냐고 성질을 부렸지요.

겁에 질린 파스칼은 얼음처럼 굳어져 눈을 질끈 감았어요.

'이제 호랑이 밥이 되고 말겠구나. 책도 마음껏 못 읽고, 수학 공부도 마음껏 못했는데 죽다니. 정말 아쉽구나.'

파스칼은 눈을 감고 두 손을 모아 기도했어요. 그때 파스칼의 코가 살짝 깨물렸어요.

"으악!"

킥킥킥.

웃음소리에 파스칼이 눈을 뜨자 호랑이가 아니라 매씨가 눈앞에 있었어요. 매씨가 장난을 친 것이었죠. 매씨는 호랑이와 함께 있었어요. 매씨 옆에는 사자와 구렁이도 있었죠. 파스칼은 어리둥절했어요.

"매씨, 너 지금 뭐와 함께 있는 건지 아니?"

"우리가 호랑이를 보호해줘야 해. 저기 있는 저 사자도. 구렁이도 말이야."

매씨는 바위 위로 올라가 벌판을 가리켰어요. 벌판을 바라본 파스칼은 입이 벌어졌죠.

하마, 기린, 낙타, 토끼, 코끼리, 독수리, 갈매기, 두더지, 너구리……. 어마어마하게 많은 동물들이 몰려오고 있었어요. 벌판은 온통 동물로 가득했어요.

"동, 동물들이 쳐들어오고 있다!"

그러나 매씨는 태연했어요. 오히려 입을 벌린 사자의 날카로운 이빨을 툭툭 치며 말했어요.

"입 그만 다무는 게 좋을 거야. 방주에 일찍 타고 싶으면! 너, 호랑이도!"

매씨의 거친 말투에 사자와 호랑이는 겁을 먹은 양처럼 온순해졌어요. 구렁이도, 코끼리도, 하마도 매씨의 손짓 하나에 척척 말을 들었죠. 파스칼의 어깨와 머리에 새들이 날아와 얌전히 앉자 파스칼은 이곳이 어디인지 궁금해서 견딜 수가 없었어요.

"여기가 어디야? 에덴동산이야?"

"여긴 아주 까마득한 옛날이야. 우리는 세상이 멸망하기 전에 이 생명들을 구해야 해."

"우리가 이 동물들을 다 구해야 한다고? 대체 어떻게?"

매씨가 가리킨 벌판 한가운데에는 거대한 뭔가가 서 있었어요.

"저게 뭐지?"

"방주야. 거대한 배."

"배가 왜 바다에 있지 않고, 벌판 한가운데 있는 거야?"

"조금 있으면 이 벌판은 바다로 변할 거니까. 바다로 변하기 전에 저 동물들을 방주에 태워야 해. 어서 가자!"

매씨와 파스칼은 방주로 달려갔어요.

턱수염이 하얗게 난 할아버지가 방주를 칠하는 중이었어요.

"이 할아버지는 노아라는 분이셔. 이 방주를 만드셨지."

"다 됐다. 이렇게 칠을 단단히 해야 물이 새어 들어오지 않을 게야."

노아 할아버지는 너무 늙어 눈도 잘 안 보이고, 귀도 잘 안 들렸어요. 노아 할아버지는 땀을 닦으며 잠시 쉬었어요.

쿠르르릉, 쿠릉.

그때 하늘에서 천둥소리가 울리며 먹구름이 몰려왔어요. 당장이라도 큰 비가 쏟아질 것 같았지요.

"얼마 있으면 폭우가 쏟아져 내릴 거야. 어마어마하게 무서운 폭우가 세상을 휩쓸 거지. 우리는 서둘러서 저 동물들을 방주에 태워야 해."

할아버지는 서둘러 동물들을 모으기 시작했어요. 천둥소리에 겁을 먹은 동물들이 까약, 깍 소리를 내며 방주 근처로 몰려들었어요.

"동물들을 종류에 따라 분류해야 해. 사는 지역에 따라 동물을 따로 보호하는 게 좋거든. 파스칼, 저기 나무 밑에 모여 있는 동물들을 분류하고 정리해 줘."

매씨의 말에 파스칼은 동물들을 분류하기 시작했어요.

'지난번처럼 표를 그리면 쉽게 정리할 수 있을 거야.'

〈표〉 찾아온 동물의 수

종류	초원	사막	밀림	추운 지역	동물 계
동물 수(마리)	160	60	350	100	670

파스칼은 정리된 표를 매씨와 노아 할아버지에게 보여줬어요.

"뭐가 뭔지 모르겠구나. 어떤 동물이 많고 적은지 비교하기가 어려워."

노아 할아버지는 고개를 절레절레 흔들었어요. 눈이 나빠 표가 잘 보이지 않았던 거예요.

"가장 많고, 가장 적은 것이 무엇인지 한눈에 들어오지 않으신가 봐. 표만으로는 종류별로 얼마나 많고 적은지 비교하기가 쉽지 않은 거야."

매씨는 표가 아닌 다른 방법이 없는지 파스칼에게 물었어요.

"다른 방법이라면…… 아! 그래프! 이럴 때에는 표가 아니라 그래프로 그리면 돼!"

"그리빠가 뭐냐?"

파스칼의 말에 노아 할아버지가 물었어요.

"그리빠가 아니라 그래프요. 자료를 알아보기 쉽도록 점, 직선, 곡선, 막대, 그림 등을 이용해 나타낸 것인데요. 종류별로 많고 적은 걸 쉽게 비교할 수 있어서 좋아요."

파스칼은 그래프를 그리기 시작했어요.

"그래프를 그리려면 제일 먼저 가로와 세로에 각각 무엇을 나타낼 것인지 정해야 해요. 그 다음에는 조사한 종류별 수만큼 표를 칠해서 그래프로 나타나면 돼죠. 표는 빈칸 없이 그리고, 아래부터 시작하여 위로 그려 올라가도록 색칠해 주면 돼요."

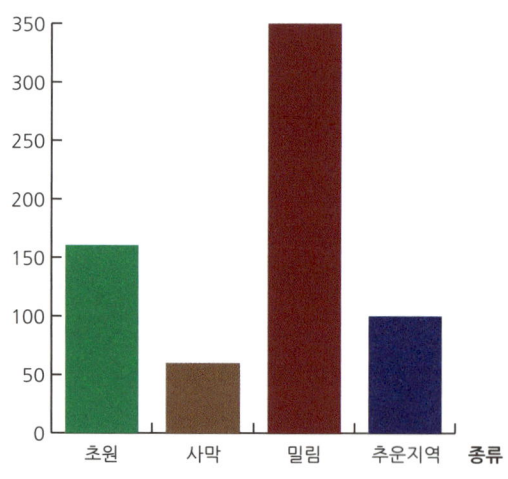

〈막대그래프〉 찾아온 동물의 수

"이제는 어떤가요? 잘 보이세요?"

파스칼이 그린 그래프를 노아 할아버지가 살펴봤어요.

"표보다는 좋긴 한데……. 어느 게 어느 동물인지 잘 모르겠구나."

노아 할아버지의 말에 파스칼은 또 한 번 고민에 빠졌어요.

먼 하늘에서 쿠르릉 쿠릉 천둥이 울렸고, 먹구름은 더욱 몰려왔

> **TIPS**
>
> ### 표와 그래프, 어떤 것이 더 편리할까?
>
> **표의 편리한 점**
> 1. 조사한 자료의 종류별 수량이 얼마나 되는지 알아보는 데 편리해요.
> 2. 자료의 전체 수량이 얼마나 되는지 알아보는 것도 편리하지요.
>
> **그래프의 편리한 점**
> 1. 가장 많은 것과 가장 적은 것이 무엇인지 알아보기 좋아요.
> 2. 종류별로 얼마나 많고 적은지 수량을 쉽게 비교할 수 있어요.

어요. 동물들은 불안한지 아우성을 쳐댔어요. 새들이 푸드덕거리며 하늘을 맴돌았어요.

"파스칼, 서둘러야 해. 이제 곧 비가 쏟아지기 시작할 거야. 동물을 어떻게 분류하고 정리할 거야?"

매씨가 답답했는지 귀가 힘을 잃고 축 쳐졌어요.

"더 잘 보이는 그래프라면? 그렇다면……."

파스칼은 발을 동동 굴렀어요.

"그림 같은 걸 그리면 어떨까?"

"그림으로 그래프를 그릴 수 있어?"

매씨는 처음 들어봤는지 고개를 갸웃했어요.

"응. 그림으로 그래프를 그리면 그림그래프가 되지. 그림그래프란 건 조사한 수를 그림으로 나타내는 거야. 그러면 할아버지도 쉽게 알아보실 거야."

파스칼은 제일 먼저 조사한 동물들을 어떤 그림으로 그릴지 생각했어요. 그리고 그 동물에 알맞은 그림의 개수를 정해 그래프를 그렸어요.

"동물로 그림을 그렸네. 초원 동물은 코끼리, 사막 동물은 낙타, 밀림 동물은 고릴라, 추운 지역에 사는 동물은 펭귄을 그렸구나."

매씨의 말에 파스칼은 신이 났어요.

"그런데 쯧쯧쯧, 이 그림그래프는 틀렸구나. 다시 그려야 해."

노아 할아버지가 혀를 찼어요.

"왜요?"

〈그림그래프〉 찾아온 동물의 수

"코끼리는 조그맣고, 고릴라는 아주 크게 그렸잖니. 이건 잘못 그린 거란다."

노아 할아버지의 말에 파스칼은 고개를 저었어요.

"큰 그림은 수가 많다는 것을 나타내고, 작은 그림은 수가 적다는 의미예요. 코끼리를 작게 그린 건 제가 찾은 초원 동물이 160마리밖에 없다는 거고, 고릴라를 크게 그린 건 제가 찾은 밀림 동물이 350마리나 되기 때문이지요."

파스칼의 말에 노아 할아버지가 손뼉을 쳤어요.

"옳거니, 그림의 크기와 개수로 동물이 얼마나 있는지 쉽게 알 수 있겠구나! 눈이 나쁜 나도 금방 알아볼 수 있겠는걸!"

"노아 할아버지, 동물 전체를 모두 합한 정확한 합계를 구할 때에는 그림그래프보다 표를 이용하는 것이 정확해요. 그러니까 표와 그래프는 각각 장점이 있는 거예요."

"그래, 그래, 표도 보고, 그래프도 보마."

파스칼과 매씨는 서둘러 방주에 동물들을 실었어요. 파스칼은 코끼리의 등에 타고 방주 안에서 이리저리 동물들을 안내했어요. 초원 동물과 사막 동물, 밀림 동물과 추운 지역에 사는 동물들이 자기 자리를 찾아갔어요. 마지막 동물까지 모두 타자 그제야 방주의

그래프의 여러 가지 모양

그래프에는 여러 가지 종류가 있어요. 띠처럼 생긴 띠그래프, 꺾은선그래프, 막대 모양의 막대그래프, 동그란 원그래프, 줄기와 잎 그림으로 나타낸 그림그래프 등이 있지요. 그래프를 그릴 때 어떤 모양의 그래프를 그릴지 선택하는 게 매우 중요해요. 자료의 특징을 잘 나타내주고, 한눈에 알아보기 쉬운 그래프를 선택해야 하지요. 그래프 그릴 때 주의할 점이 있어요. 그래프를 완성한 후 표의 숫자와 그래프에 표시된 개수가 같은지 확인해야 해요. 또 표를 그릴 때에는 맨 아래 칸부터 차례로 건너뛰지 말고 그려야 해요.

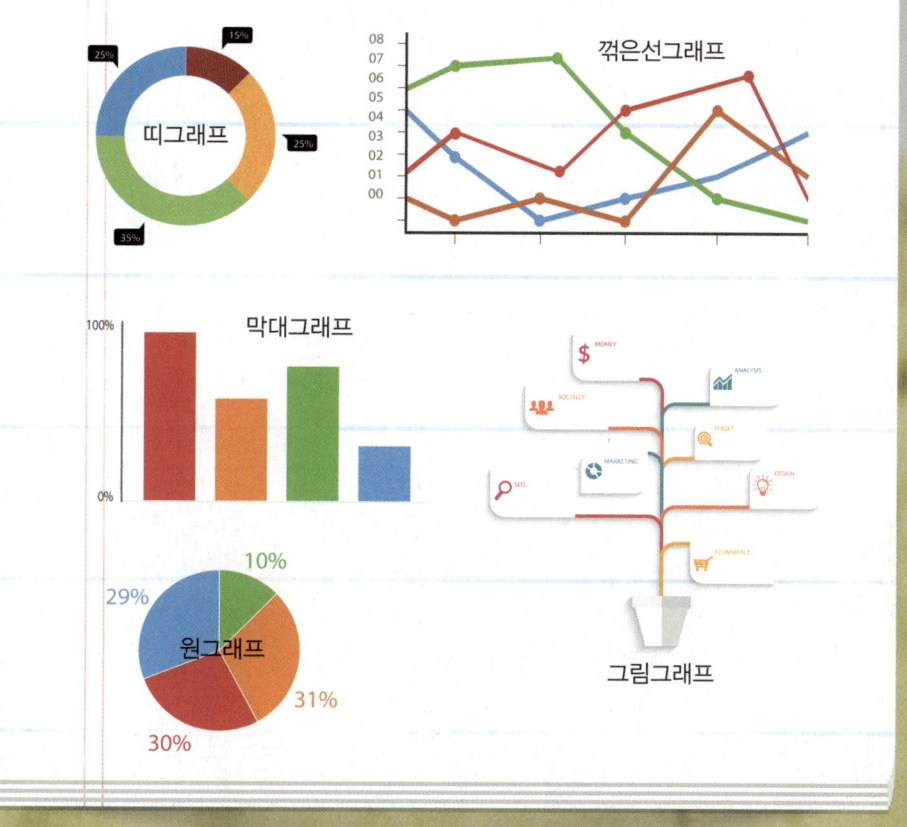

문이 닫혔어요.
　파스칼은 각 구역마다 그림그래프를 그려 벽에 붙여 놓았어요. 그걸 보고 노아 할아버지는 매우 흡족해 했지요.
　쏴아아아. 쏴아.
　　　　비가 폭포수처럼

쏟아져 내렸어요.

"정말 세상이 물에 다 잠기는 거예요?"

파스칼이 걱정스럽게 물었어요.

"그래, 앞으로 40일 동안 밤낮으로 폭우가 쏟아져 세상은 멸망하게 될 게다."

노아 할아버지가 대답했어요.

노아 할아버지의 대답에 파스칼은 문득 아빠가 떠올랐어요. 파스칼은 아빠가 걱정됐어요.

"매씨, 난 집에 돌아갈래. 아빠가 걱정돼."

파스칼은 울먹거렸어요. 매씨가 방주 안의 한쪽 문을 두드리자 지난번처럼 많이 본 듯한 문이 생겼어요.

"코기토 에르고 숨!"

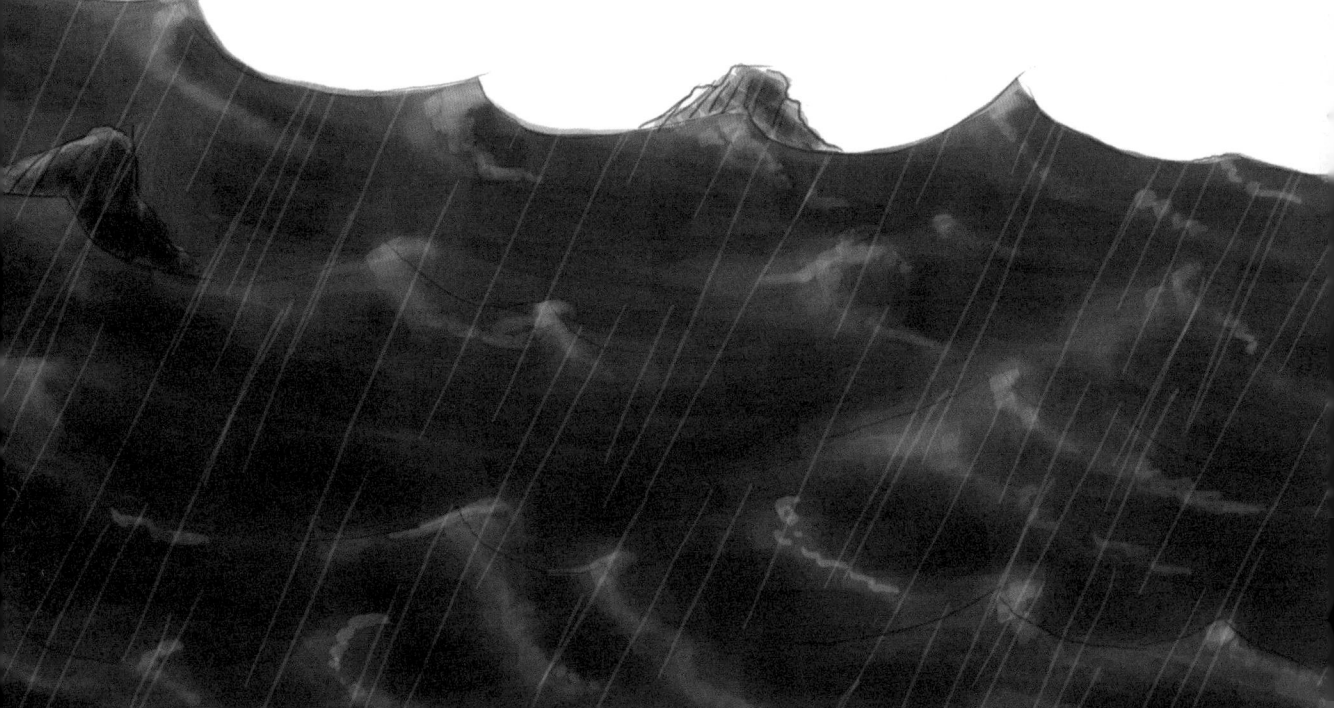

매씨와 파스칼이 문으로 뛰어들자, 그곳은 파스칼 네 집의 화장실이었어요.

파스칼은 조용히 거실을 내다봤어요. 아빠는 여전히 소파에서 코를 골며 자고 있었어요. 파스칼은 아빠께 담요를 덮어 주고 방으로 돌아왔어요.

"매씨, 노아 할아버지의 방주는 앞으로 어떻게 되니?"

"비는 그치겠지만, 150일 동안 물이 땅 위에 고여 있다가 서서히 빠지게 돼. 그리고 마침내 새로운 세계가 시작되지."

"성경 속의 이야기라서 다행이야. 실제로 그런 일이 일어나면 나는 세상 모든 사람을 다 태울 수 있는 방주를 만들 거야. 단 한 사람도 죽지 않게 말이야."

파스칼이 침대에 누워 천장을 보며 말했을 때 매씨는 대답이 없었어요. 비는 그쳤고, 창문이 살짝 열려 있을 뿐이었죠.

표로 나타내는 법

1. 자료를 조사해요.
   노아의 방주를 타기 위해 찾아온 동물들의 수를 파악하고, 알맞은 자리를 잡아주기 위해 동물들을 정리하기로 해요.

2. 분류 기준에 맞게 분류해서 수를 세어요.
   동물들을 사는 지역에 따라 분류하기로 기준을 정해요. 그 기준에 맞게 동물들의 수를 세어요.

3. 표로 그려요.

종류	초원 동물	사막 동물	밀림 동물	추운 곳에 사는 동물	계
동물 수 (마리)	160	60	350	100	670

4. 표에 나타난 수량의 합계와 처음 조사한 자료의 수량이 같은지 확인해요.

문학에서 수학 읽기

로빈슨 크루소가 그래프를 그렸다면?

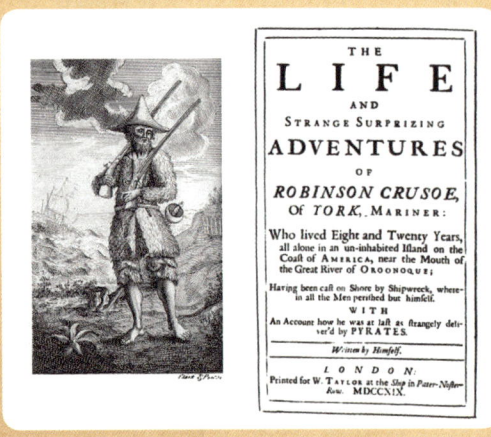

그림 3 로빈슨 크루소 책표지

대니얼 디포가 쓴 『로빈슨 크루소』에서는 무인도에서 혼자 살아남기 위해 노력하는 인간의 지혜를 볼 수 있어요. 로빈슨은 원래 안정된 가정에서 행복하게 살았는데, 모험을 하고 싶어 집을 떠나 선원이 되었어요. 먼 바다로 배를 타고 나갔다가 그만 배는 침몰했고, 로빈슨은 간신히 살아남아 무인도로 떠내려갔지요.

아무것도 없는 무인도에서 집을 짓고 먹을 걸 구하면서 혼자 산다는 건 결코 쉬운 일이 아니었어요. 만약 로빈슨이 수학을 잘 했다면 훨씬 쉽게 무인도에서 살아남았을 거예요.

로빈슨은 물고기를 잡을 때 낚시 미끼를 무엇으로 써야 할지 고민했어요. 그럴 때에는 그래프를 그리면 돼요. 1주일 동안 미끼를 바꿔가며 낚시를 하고, 그 결과를 그래프로 그리는 거예요. 파리를 미끼로 했을 때 3마리, 지렁이는 8마리, 애벌레는 2마리 등으로 그래프를 그리면, 어떤 미끼를 쓰면 물고기가 가장 잘 잡히는지 알 수 있어요.

또 로빈슨은 산양을 잡아 키웠어요. 산양에서는 젖이 나오니까 신선한 우유를 먹을 수 있었지요. 산양이 여러 마리일 때 어떤 산양의 젖을 얼마나 짰는지 알아내야 해요. 이럴 때에도 그래프를 그리면 정말 좋아요. 털이 많은 산양은 1그릇, 뿔이 긴 산양은 2그릇, 눈이 큰 산양은 0그릇……. 이렇게 그래프로 그려 놓으면 젖을 많이 짠

그림 4 로빈슨 크루소 책에 실린 섬지도

산양이나 적게 짠 산양을 알아볼 수 있어서 다음에 어떤 산양의 젖을 짜야 하는지 알 수 있지요.

어느 날, 로빈슨은 모래사장에 나 있는 사람 발자국을 봤어요. 그리고 사람의 뼈도 발견했지요. 식인종들이 잡아먹은 사람의 뼈였어요. 로빈슨은 무서워 부르르 몸을 떨었어요.

로빈슨은 식인종이 어디에서 나타나는지 그래프로 조사를 하기 위해 섬 주변을 돌아다니면서 발자국을 찾았어요. 그리고 껍질을 벗긴 나무를 들고 다니며 칼로 금을 그었어요. 동쪽 산에서 발자국 7개, 서쪽 바다에서 발자국 4개, 남쪽 계곡에서 발자국이 15개 발견됐어요. 로빈슨은 그래프를 보며 남쪽 계곡으로는 가지 말아야겠다고 생각했어요.

이처럼 그래프는 우리 생활에서 다양하게 쓸 수 있어요. 줄넘기를 한 개수를 그리거나 컴퓨터를 한 시간을 그린다면 건강한 생활에 도움이 될 거예요.

사건 3

통계로 나쁜 왕의 금고를 털어라

막대그래프

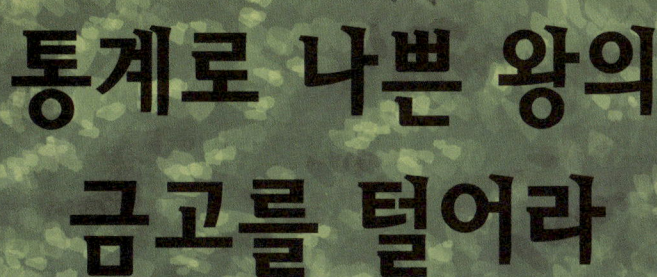

달빛이 유난히 아름다운 밤이었어요. 파스칼의 집 지붕 위에 두 개의 그림자가 보였어요. 하나는 아이, 다른 하나는 꼬리를 잔뜩 세운 털북숭이 개였죠. 둘은 나란히 앉아 보름달을 바라보고 있었어요.

"매씨, 넌 어른이 되면 뭐가 되고 싶니?"

파스칼이 물었어요.

"난 이미 어른이야. 늙은이라고. 개는 사람보다 일곱 배 빨리 나이를 먹어."

매씨가 기운이 빠진다는 목소리로 투덜거렸어요.

"하긴 넌 사람 나이로 따지면 백이십 살이라고 했지. 난 말이야, 어른이 되면 정의의 기사가 될 거야. 그래서 욕심쟁이 부자와 착한 사람을 괴롭히는 나쁜 악당들을 혼내줄 거야."

파스칼이 허공에 대고 주먹을 휘둘렀어요.

"얘야, 백 살 넘게 먹은 늙은이인 내가 충고하는데, 그게 그렇게 쉬운 일이 아니란다."

"왜? 날 무시하지 마!"

그러자 매씨는 타이르는 듯한 말투로 말을 이었어요.

"악당들은 일단 힘이 세. 괜히 악당이 아니야. 무척 강하단 말이야. 그래서 보통 사람들이 악당을 혼내주는 건 어렵고 힘든 일이야. 또 욕심쟁이 부자들은 부하들이 많아. 부자면 부자일수록 부하가 많아서 상대하기가 어려워. 그런데 너 같이 날마다 감기를 달고 사는 힘없는 말라깽이가 이긴다고? 푸하핫! 지나가던 개미가 땅바닥을 뒹굴며 웃겠다!"

매씨의 놀림에 파스칼의 입술이 뾰루퉁하게 나왔어요.

"그러면 내가 정의의 기사가 될 방법이 없단 말이야?"

파스칼은 절망에 빠진 목소리로 울먹거렸어요.

"파스칼, 내가 책 한 권을 빌려줄게 읽어 봐. 그 책을 읽고 나면 네 생각이 바뀔지도 모르지."

파스칼은 매씨를 따라 최초의 책 도서관으로 갔어요. 매씨는 사다리를 타고 올라가 제일 귀퉁이에 있는 책 한 권을 꺼냈어요.

파스칼은 그 책이 무슨 책인지 무척 궁금해서 자기도 모르게 목이 길어졌어요. 매씨가 표지를 펼치며 말했어요.

"이 책으로 말하자면, 화살 하나로……."

그런데 그 순간!

휙!

화살이 책 속에서 튀어나와 천장에 박혔어요. 파스칼과 매씨는 화들짝 놀란 눈으로 부르르 떨고 있는 화살을 바라봤어요.

"이, 이게 무슨 일이야?"

휙, 휙, 휙.

또 한 번 화살들이 책 속에서 마구 튀어나왔어요. 매씨와 파스칼은 책장 뒤로 몸을 숨겼지요.

휙, 휙, 휘휘힉.

책은 저 혼자 마구 펄럭거렸고, 도서관 사방으로 화살들이 날아왔어요.

"이러다간 도서관이 고슴도치로 변하겠어! 저 책의 표지를 빨리 덮어야 하는데!"

매씨는 겁에 질려 앞발로 머리를 부여잡고 말했어요.

"저 책은 대체 무슨 책인데?"

"로빈 후드! 셔우드 숲에 사는 의적도 몰라? 넌 대체 읽어 본 책이 얼마나 되는데?"

아빠 때문에 책을 거의 읽지 못했던 파스칼은 로빈 후드가 무슨 책인지 짐작도 가지 않았어요.

"그래도 열 권은 넘어. 열 권을 아마 천 번씩 읽었을 거야."

"휴! 어쨌거나 셔우드 숲에 무슨 일이 생겼나 봐."

그때였어요.

휘이익!

화살 하나가 매씨와 파스칼 바로 옆으로 날아왔어요. 비명을 지를 새도 없었죠.

탁!

화살은 매씨와 파스칼의 머리 위 책장 테두리에 박혔어요. 그런데 그 화살은 지금까지 날아온 화살들과 달랐어요.

"매씨! 저 화살에 편지가 매달려 있어!"

파스칼은 화살을 힘겹게 뽑아 편지를 펼쳤어요.

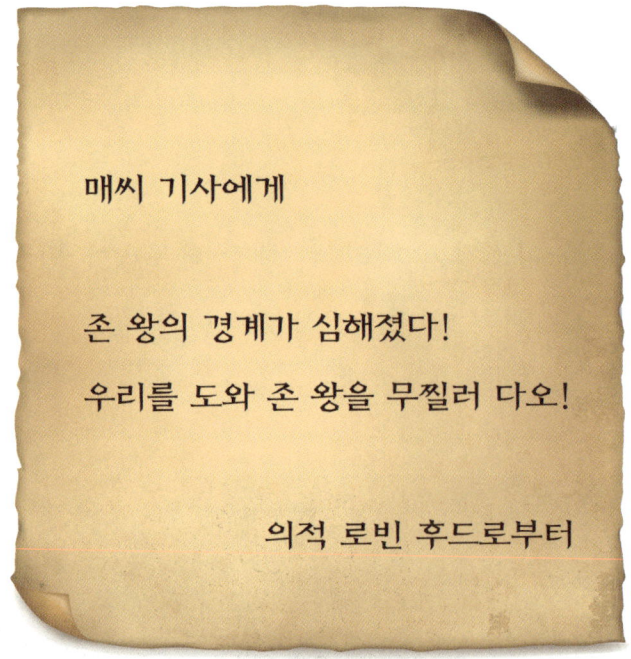

매씨 기사에게

존 왕의 경계가 심해졌다!
우리를 도와 존 왕을 무찔러 다오!

의적 로빈 후드로부터

"매씨, 로빈 후드가 보낸 편지야! 널 보고 기사라고 하는데?"
"내가 그동안 책 속 세상에서 훌륭한 업적을 쌓긴 했지. 셔우드 숲이 위기에 처한 모양이군. 파스칼, 어서 출동하자."
파스칼과 매씨는 납작 엎드려 로빈 후드 책 근처로 기어갔어요.
"코기토 에르고 숨!"
매씨와 파스칼이 동시에 외치면서 무지갯빛 사각형 속으로 뛰어

들었어요.

털썩.

둘은 나무가 빽빽한 깊은 숲속에 떨어졌어요.

"여기가 셔우드 숲이구나."

"파스칼, 조심해. 이 숲에는 존 왕이 쳐놓은 덫이 많아. 존 왕은 의적들을 잡으려고 덫을 많이 만들어 놓았단 말…….

조심하란 말이 끝나기 무섭게 파스칼의 발목에 툭, 하고 뭔가가 걸렸어요.

그 순간, 바닥에서 그물이 올라와 매씨와 파스칼을 삼켰지요.

"으아아아악!"

비명 소리와 함께 매씨와 파스칼은 그물에 갇혀 나무에 대롱대롱 매달렸어요.

"아, 이렇게 매달려 있다가는 존 왕에게 잡혀 지하 감옥으로 끌려 갈 거야!"

"여길 어떻게 빠져나가지? 이건 수학으로 해결할 수 있는 문제가 아니란 말이야."

매씨와 파스칼이 옥신각신하고 있을 때였어요.

누군가 밧줄을 타고 나무 사이를 원숭이처럼 재빠르게 휙휙 날아

왔어요.

"로빈 후드다! 다행이야! 로빈 후드가 우리를 구출하러 왔어!"

쿵.

멋지게 착륙할 줄 알았던 로빈 후드는 나무에 그대로 부딪쳐 바닥에 미끄러지며 떨어졌어요. 로빈 후드는 별이 보이는지 제자리에서 빙빙 돌며 비틀거렸어요.

"저 사람 셔우드의 의적 맞아? 내가 보기엔 좀 모자란 바보 같은

데?"

"로빈 후드가 밧줄을 잘 타긴 하는데…… 정지를 못하더라고."

정신을 차린 로빈 후드는 언제 그랬냐는 듯이 시치미를 뚝 뗐어요.

"크아하하하하. 나는야, 셔우드의 의적! 악당은 내게 맡겨라!"

로빈 후드는 두 팔을 허리에 올린 채 크게 웃었어요.

그 모습을 보고 파스칼이 매씨의 귀에 대고 속삭였어요.

"말투랑 웃음소리가 정말 이상하지 않아? 나사가 빠진 바보 같아."

"잘난 척하는 걸 좋아해서 그래. 바보는 아니야. 바보 같이 보이긴 하지만……."

매씨는 로빈 후드가 들을까 봐 들릴 듯 말 듯 말했어요. 로빈 후드가 그물을 칼로 자르자 파스칼과 매씨는 시원하게 풀려났지요.

"어서 오시오. 매씨 기사, 이 꼬마는 당신의 시종이오?"

"시종은 아니지만, 뭐 시키는 일은 잘 해요. 특히 정리 정돈 실력은 최고예요."

"정리 정돈이라고요? 그럼 시종 맞네. 우리 본부에 정리 정돈 할 일이 많으니 쓸모가 많겠어."

로빈 후드와 매씨의 말에 파스칼은 기분이 팍 상했어요.

"아니에요! 저도 악당을 물리치기 위해 찾아온 기사란 말이에요!"

"우헤헤헤헤, 너같이 작고 힘이 약한 꼬마가?"

로빈 후드가 배를 잡고 웃었어요.

"저는 싸움은 못하지만, 수학을 이용해 악당을 물리친다고요."

"수학으로 어떻게 악당을 물리치지? 여하튼 기대해 보마."

로빈 후드는 휙, 하고 휘파람을 불었어요. 그러자 풀숲에서 백마 한 마리가 달려 나왔어요. 로빈 후드는 말에 번개처럼 올라타더니, 한손으로 파스칼과 매씨를 잡아 말에 태웠어요.

"일단 우리 본부로 들어가자."

백마는 말갈기를 휘날리며 숲속을 힘차게 달렸어요.

말 위에서 로빈 후드는 으드득 이를 갈더니 입을 열었어요.

"존 왕은 아주 고약한 왕이야. 나랏일에는 관심이 없고, 돈을 어찌나 좋아하는지 툭하면 세금을 올려서 백성들을 힘들게 하지. 난 이런 나라 꼴을 그냥 지켜볼 수 없어서 의적이 된 거야. 다 왔다. 저기가 우리의 본부야."

통나무와 덩굴을 이용해 얼기설기 만든 집들이 여러 채 모여 있었어요. 의적이라고 하지만, 무기를 들고 있는 게 아니라 곡괭이 같은 농기구들을 들고 있었어요.

"우리는 원래 농사밖에 지을 줄 모르는 가난하고 힘없는 농부들이었지. 그런데 존 왕이 너무 괴롭히고 세금을 뜯어가서 도저히 살 수가 없었어. 그래서 숲속으로 들어와 존 왕과 싸우는 의적이 됐어."

농부 아저씨가 감자 스프를 떠주며 말했어요.

"로빈 후드, 소식 들었나? 또 존 왕이 세금을 올렸다더군."

"또 올렸단 말이야? 한 달 전에 세금을 올렸는데 또? 존 왕의 아버지가 나라를 다스릴 때만 하더라도 이렇게 세금이 많지 않았는데. 그동안 대체 세금이 얼마나 오른 거야?"

의적들은 분통을 터트렸어요.

"안 되겠어! 존 왕을 혼내줘야겠어!"

"그렇지만 무슨 수로 존 왕을 혼낼 수 있을까? 성에는 경비가 얼마나 삼엄한 줄 알아?"

수도사가 걱정스러운 표정으로 물었어요.

"하긴 그래. 우리 같은 농부 몇 명이 왕의 군대와 싸워서 이기는 건 불가능해. 왕에게는 칼과 총으로 무장한 병사들이 몇 백, 아니 몇 천 명이나 있어. 우리 숫자로는 그 많은 병사들을 상대할 수 없어."

턱수염이 난 의적이 힘없이 주저앉았어요. 의적들의 한숨 소리가 여기저기에서 터져나왔지요.

그때 파스칼이 발꿈치를 들고 어른들 사이에 끼어들었어요.

"우리가 존 왕을 물리치지 못하는 이유는 존 왕이 거느린 병사들이 엄청나게 많기 때문이잖아요. 그러면 그 병사들은 왜 존 왕을 따르는 걸까요? 존 왕이 좋아서요?"

"그럴 리가 있나. 존 왕을 좋아하는 사람은 지구에 단 한 명도 없을걸. 병사들이 존 왕을 지키는 건 돈 때문이지. 병사들에게 많은 돈을 준다더군."

수도사의 말에 매씨가 말했어요.

"그렇다면 좋은 방법이 있어요. 우리가 존 왕의 병사를 이길 수는 없지만, 존 왕의 돈을 뺏을 수는 있어요. 그러면 존 왕은 가난해져서 병사들에게 줄 돈이 없어질 테고, 결국 존 왕도 항복하고 말 거예요."

매씨의 제안에 모두 솔깃해졌어요.

"그렇군! 그런데 존 왕의 돈을 어떻게 뺐지?"

로빈 후드가 까칠한 턱수염을 매만지며 고민했어요. 그러자 구석에 앉아 있던 한 젊은이가 말했어요.

"저는 성에서 보초를 서 봐서 알아요. 존 왕은 세금을 거둬 비밀 금고에 보관해요. 그 비밀 금고는 성의 지하에 있습니다."

"좋았어! 우리가 그 금고를 털어서 재물을 도로 백성들한테 나눠 주는 거야! 크아하하하하!"

로빈 후드는 두 팔을 허리에 올린 채 크게 웃었어요.

"그렇지만 경비가 아주 삼엄하지요."

젊은이의 말에 로빈 후드는 웃음을 뚝 그쳤지요.

"누구나 약점은 있어요. 존 왕의 금고에도 약점이 있을 거예요!"

로빈 후드와 젊은이, 파스칼과 매씨는 변장을 하고 존 왕의 성을 찾아갔어요.

"저기가 바로 지하 금고예요."

젊은이가 가리킨 곳에는 병사들이 철통 같이 보초를 서고 있었어요. 병사들의 실력은 매우 뛰어나 보여서 맞서 싸울 생각을 하니 엄두가 나지 않았어요.

"무슨 좋은 수가 없을까?"

로빈 후드가 고민에 잠겨 있을 때였어요. 파스칼이 무릎을 탁 치며 말했지요.

"표를 이용해서 병사들의 수를 조사해 봐야겠어요!"

파스칼과 의적들은 번갈아가며 지하 금고를 지키는 병사들의 수를 조사했어요. 그리고 표로 그리기 시작했죠. 그러자 이런 결과가 나왔어요.

〈표〉 지하 금고의 보초 병사 수

시각	8시~12시	12시~17시	17시~22시	22시~3시	3시~8시	합계
병사 수(명)	8	6	4	3	5	26

"아, 이게 무슨 뜻이야?"

수학을 전혀 모르는 로빈 후드와 의적들은 고개를 갸우뚱했어요. 파스칼은 로빈 후드와 의적들을 위해 표를 알아보기 쉬운 그래프로 다시 그렸어요.

"그래프 중에 막대그래프를 그리는 게 좋겠어! 알아보기 쉬울 거야!"

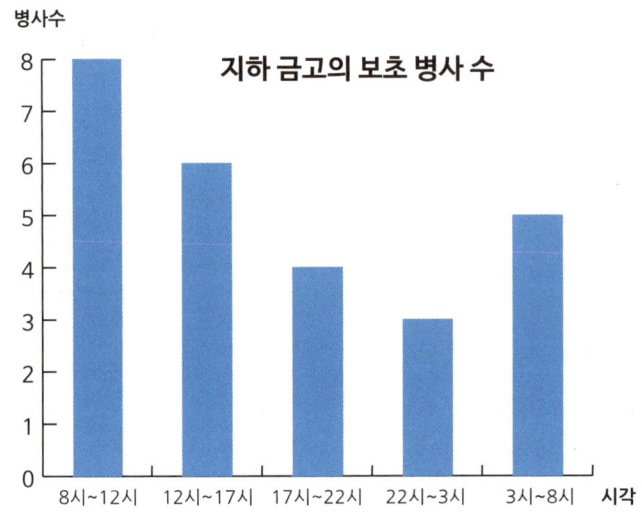

"막대기를 주르륵 세워놓은 거 같군."

"그래서 막대그래프라고 해요. 막대그래프는 많고 적은 걸 한눈에 비교하기에 편리해요."

파스칼이 설명했어요.

"정말 그렇구나. 네가 그린 막대그래프를 보니까 어느 시간에 보초를 몇 명이 서는지 알겠어. 막대그래프에서 막대의 길이가 길수록 보초 수가 많은 거구나. 막대의 길이가 짧을수록 보초 수가 적은 것이고."

어느새 의적들이 몰려와 파스칼의 막대그래프를 살펴보며 말했어요.

"보초가 가장 적은 시각은 22시~3시야. 보초가 가장 많은 시각은 8시~12시이고. 그러니까 우리는 오전에 공격을 하면 안 돼. 밤 10시에서 새벽 3시 사이에는 보초가 3명밖에 없으니 그 시간에 공격

TIPS

막대그래프는 어떨 때 사용하는 게 좋을까요?

막대그래프는 조사한 수를 막대 모양으로 나타낸 그래프예요. 각 항목의 크기를 비교할 때 많고 적은 걸 한눈에 알 수 있어 편리하지요. 막대그래프는 각 항목의 크기를 비교하기에 편리해요. 막대그래프를 그릴 때에는 단위를 잊지 말고 꼭 써야 해요.

하면 이길 수 있어!"

"이정도 병사들이라면 우리 힘으로도 물리칠 수 있을 거야!"

"자! 친구들아. 우리는 셔우드의 의적! 존 왕은 우리에게 맡겨라! 가난하고 힘없는 백성들의 세금을 되찾아주자!"

로빈 후드가 큰 소리로 외쳤어요.

로빈 후드는 의적을 이끌고 새벽에 지하 금고를 기습했어요. 지하 금고는 상상할 수 없을 만큼 많은 황금과 돈으로 가득 했어요. 수레 열 개에 가득 싣고도 부족해서 당나귀 두 마리에 더 실어야 할 정도였죠.

로빈 후드는 금은보화를 가난한 사람들에게 나눠줬어요.

"로빈 후드 만세! 꼬마 파스칼 만세!"

백성들은 로빈 후드가 왕을 골려 줬다는 소식을 들으며 통쾌해 했어요.

"그런데 파스칼, 막대그래프는 어떻게 그리는 거야? 앞으로 존 왕의 금고를 계속 털려면 막대그래프 그리는 법을 알아두는 게 좋겠어."

로빈 후드가 파스칼에게 부탁했어요.

"나도 가르쳐 줘."

"나도!"

의적들이 너도나도 파스칼에게 부탁했지요.

"가르쳐 드리는 건 어렵지 않지만……."

"어렵지 않지만?"

"작고 힘이 약한 꼬마라고 저를 무시한 걸 잊지 않으셨겠지요?"

"누가? 누가 대체 너를 무시했니? 누구야? 수도승이야? 젊은이야?"

로빈 후드는 시치미를 떼고 딴청을 피웠어요.

"수학을 이용해 악당을 물리칠 수 있다고 한 말도 잊지 않으셨겠지요?"

"물론이지. 수학을 이용하면 가난한 백성을 먹여 살릴 수 있지. 아무렴! 모두 박수!"

의적들은 파스칼에게 손뼉을 쳤어요. 파스칼은 기분이 좋아 어깨가 으쓱해졌어요.

"크아하하하하. 나는야, 셔우드의 의적! 악당은 내게 맡겨라! 막대그래프로 끝내주마!"

로빈 후드는 두 팔을 허리에 올린 채 크게 웃었어요.

"파스칼, 벌써 아침이야. 아버지께서 일어나셨어."

매씨는 바위에 사각형을 그리며 말했어요. 매씨의 말에 파스칼은 서둘러 문으로 뛰어 들었어요.

"코기토 에르고 숨!"

둘이 도착한 곳은 신기하게도 파스칼 네 집 화장실이었어요.

똑똑똑.

"파스칼, 일찍 일어났구나."

아빠가 화장실 문을 두드리며 말했어요. 파스칼은 변기에 앉아 졸고 있었어요. 파스칼의 작은 손에는 로빈 후드가 선물한 화살촉이 쥐어져 있었지요.

막대그래프

막대그래프는 수량의 많고 적음을 한눈에 쉽게 비교하기에 편리해요.

막대그래프 그리는 법

파스칼은 존 왕의 금고를 지키는 병사들의 수를 막대그래프로 나타냈어요. 우리도 함께 막대그래프를 그려 봐요.

1. 가로와 세로 눈금에 나타낼 것을 정해요.
2. 가장 큰 수까지 나타낼 수 있도록 세로 눈금 한 칸의 크기와 눈금 수를 정해요.
3. 조사한 수에 맞도록 막대를 그려요.
4. 알맞은 제목을 붙이면 완성!

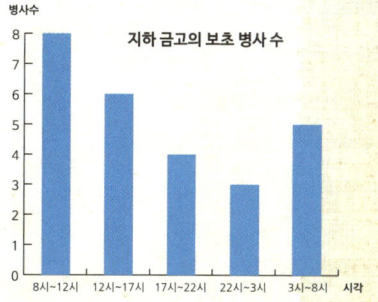

서로 다른 두 개의 수량을 한 칸에 나타낸 막대그래프는 두 개 이상의 자료를 한 번에 비교할 수 있어요.

옆의 표를 보면 학년별 학생수를 비교할 수 있고, 학년별 남학생과 여학생 수를 따로 비교할 수도 있어요.

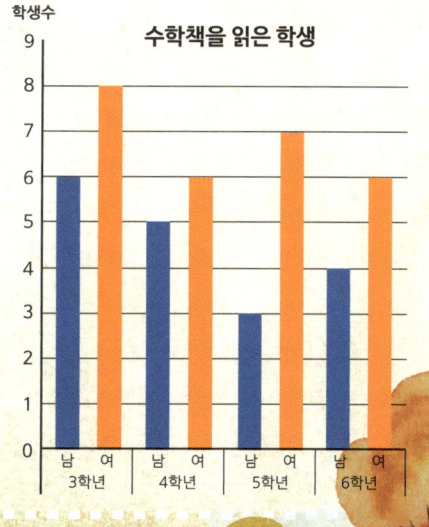

그래프는 왜 뉴스에 자주 나올까?

뉴스를 보면, 동그란 그래프, 산처럼 삐죽삐죽한 그래프, 막대를 세워놓은 모양의 그래프 등이 종종 나와요. 왜 뉴스에는 이런 그래프를 많이 사용하는 것일까요? 이것은 통계를 잘 표현하기 위해서예요. 통계는 많은 것을 나타내줘요. 현재 국민들의 삶, 앞으로 예상되는 사회 변화 등 통계는 우리 사회를 자세히 들여다보는 돋보기 역할도 하고, 미래의 방향을 제시해주는 나침반 역할도 해요. 그래서 뉴스에서는 통계 자료가 많이 나오는 거지요.

통계를 정확하게 해석할 수 있는 능력은 매우 중요해요. 이런 능력을 기르면 우리 사회를 잘 분석할 수 있게 되거든요. 통계를 나타내는 방법에는 막대그래프, 원그래프, 꺾은선그래프 등 여러 가지가 있지요. 어떤 방법을 선택하느냐에 따라 통계 자료를 쉽고 정확하게 분석할 수 있어요.

민주네 아빠는 날마다 컴퓨터로 꺾은선그래프를 열심히 본답니다. 꺾은선그래프는

그림 5 주식 동향표

그림 6 주식 전광판

막대그래프의 끝을 꺾은선으로 연결한 것으로, 시간의 흐름에 따른 양의 변화를 나타내는 데 편리해요. 그래서 꺾은선그래프는 바로 주식의 변화를 알려주는 데도 이용된답니다.

주식이란 회사에서 돈을 구하려고 사람들에게 판매한 것인데, 회사의 상황에 따라 주식 가격이 오르거나 내려요. 주식 투자라는 것은 주식이 쌀 때 사두었다가, 비쌀 때 팔면 돈을 버는 것이랍니다.

그런데 왜 꺾은선그래프로 주식을 보는 걸까요? 꺾은선그래프 안에 돈을 버는 비밀이 숨어 있기 때문이지요. 주식은 시간의 흐름에 따라 가격이 올랐다 내렸다 해요. 그래서 꺾은선그래프로 주식의 변화를 쉽게 알 수 있는 거지요. 꺾은선그래프만 보면 누구나 언제 주식 가격이 내려갔고 올라갔는지 알 수 있고, 앞으로 주식이 내려갈지 올라갈지도 미리 내다볼 수 있게 되지요.

뉴스에서 날씨 예고를 할 때도 꺾은선그래프를 사용해요. 그 이유도, 시간의 흐름에 따른 기온의 변화를 나타내는 데 편리하기 때문이랍니다.

"헉, 헉, 헉······."

숨이 턱까지 차올랐지만, 파스칼은 쉬지 않고 달렸어요.

'책을 읽고 싶어. 책을 읽을 거야. 빨리 가야 많이 읽을 수 있어.'

파스칼은 아빠 심부름으로 옆 동네에 서류를 갖다 주고 오는 길이었어요. 파스칼은 한 번도 쉬지 않고 달렸어요. 아빠가 빨리 돌아오라고 한 건 아니지만, 파스칼은 마음이 급했어요. 집에 가기 전에 아빠 몰래 최초의 책 도서관에 들를 생각이었거든요.

파스칼은 숲속의 오솔길로 접어들었어요. 누가 뒤따라오는 건 아닌지 뒤를 살펴보곤 부리나케 도서관이 있는 숲속으로 들어갔어요. 녹색 덩굴로 에워 쌓인 건물이 햇빛을 받아 반짝이고 있었어요.

'어떤 책을 볼까?'

파스칼은 책을 볼 수 있다는 생각에 가슴이 콩콩 뛰었어요. 그런데 도서관에는 매씨가 없고, 먼지만 햇빛 속에서 나른하게 춤추고 있었어요.

흑흑흑.

어디선가 희미하게 우는 소리가 들려왔어요. 누군가 울고 있었어요. 남자 아이였죠.

파스칼은 무서워서 소름이 오싹 돋고, 머리카락이 쭈뼛 섰어요. 하지만 도망을 치려다가 말고 용기를 냈어요. 로빈 후드와 함께 나쁜 왕을 혼내준 경험이 파스칼에게 자신감을 심어줬어요.

흐흐흐흐흑, 흐흐흐흑.

한 발짝, 두 발짝…… 파스칼은 울음소리를 찾아갔어요.

어두컴컴한 도서관 책장 구석에 낡은 책이 한 권 있었어요. 울음소리는 바로 그 책에서 나는 소리였어요.

'책이 울고 있다니! 책이 왜 슬퍼하는 거지?'

파스칼은 책을 쓰다듬으며 조심스럽게 책을 펼쳤어요. 그러자 파스칼 또래의 남자 아이가 슬프게 눈물을 뚝뚝 흘리고 있는 그림이 나타났어요. 아이는 난생 처음 보는 동물을 한 마리 끌어안고 있었어요.

"매씨, 나 좀 도와줘. 흑흑흑."

아이는 하늘을 쳐다보며 울고 있었죠.

"지금 매씨가 없어."

파스칼이 그림 속의 아이를 향해 말했어요. 그러자 아이가 깜짝 놀라 쳐다봤어요.

"넌 누구니?"

"난 파스칼이야. 수학으로 문제를 해결해 주는 수학해결사야."
"파스칼? 해결사? 그러면 내 문제도 해결해 줄 수 있는 거야?"
아이가 다시 물었어요.
"무슨 문제인데?"
"난 네 얼굴이 안 보여. 혹시 너 이쪽으로 들어올 수 있니?"
파스칼은 매씨가 가르쳐 준대로 "코기토 에르고 숨!"을 외치고는 책 속으로 들어갔어요.
쿵.
파스칼은 바닥으로 떨어지며 엉덩방아를 찧었어요.
"어이쿠, 엉덩이야. 그래, 무슨 일 때문에 그렇게 슬프게 울고 있었어?"
"안녕, 난 만복이라고 해. 여기 이 동물 때문에……."
만복이가 가리킨 동물은 그림 속에 있던 난생 처음 보는 날짐승이었어요.
"생긴 건 꼭 닭처럼 생겼는데? 깃털은 새까맣고 닭보다는 좀 더 크고. 부리는 닭처럼 생긴 것 같기도 하고, 오리처럼 생긴 것 같기도 하고……. 이게 무슨 동물이니?"
"너도 모르나 보구나. 나도 그랬지. 내가 이 동물을 몰라서 지금 어머니께서 돌아가시게 생겼어. 흑흑."

만복이는 울먹거리면서 사정을 이야기해 줬어요.

"우리 집은 몹시 가난해. 아버지는 내가 태어날 때쯤 병으로 돌아가시고, 난 어머니랑 둘이서 살았어. 나는 어머니의 바람대로 공부를 열심히 해서 훌륭한 사람이 되고 싶었어. 그래서 오로지 집에 틀어박혀 책을 읽고 또 읽었지.

우리 집은 어머니께서 남의 집 일을 도와주고 받은 돈으로 간신히 끼니를 해결했어. 하루에 한 끼 먹으면 잘 먹을 정도로 밥을 자

주 굶었어. 그런데 얼마 전에 갑자기 어머니께서 병이 들어 일어나지 못하시는 거야. 어머니께서 잘 드시지 못한데다가 일을 너무 많이 해서 허약해지신 거야. 난 어머니를 위해 집에 있던 돈을 탈탈 털고, 이웃과 친척들에게 돈을 빌려 간신히 열 냥을 모았어. 이 돈으로 어머니를 치료할 약과 기운이 나게 할 고기를 사기 위해 장에 갔지.

그런데 시장에서 난생 처음 보는 짐승이 눈에 들어왔어. 상인에게 이 짐승이 뭔지 물었지. 털북숭이 상인은 "진짜 몰라서 묻는 거니?"라고 되물었어.

나는 "제가 집에만 있어서 이렇게 이상하게 생긴 짐승은 처음 봐요. 이 짐승, 이름이 무엇이에요?"라고 다시 물었지.

내 말을 들은 털북숭이 상인의 눈이 반짝거렸어. 그때 눈치 챘어야 했는데! 상인은 가만히 서 있는 나한테 이렇게 말하는 거야.

"이건 봉황이란다. 불사조 같은 거지."

"전설 속의 그 새 말이에요?"

내가 깜짝 놀라서 묻자, 털보 장사꾼은 고개를 끄덕이며 태연히 말했어.

"그렇지, 바로 그 봉황! 그게 바로 저 새란다."

"와, 내가 말로만 듣던 새를 직접 보게 될 줄이야!"

그러자 털보 장사꾼은 "저 새를 먹으면 어떤 병도 다 낫지. 다 죽어가던 사람도 기운이 펄펄 뛰게 되지."라면서 거들먹거렸어.

나는 병드신 어머니한테 드리면 어머니께서 금방 일어나실 것 같았어. 그래서 값이 얼마냐고 물었더니 스무 냥을 달라는 거야. 스무 냥이란 소리에 난 깜짝 놀라고 말았지.

"보통 닭이라면 반 냥이면 될 텐데……. 그렇게 비싸요?"

"봉황이잖아. 봉황을 어떻게 닭이랑 비교하니? 스무 냥도 싼 거야."

나는 어떻게 해야 할지 몰라 망설였어. 장사꾼에게 어머니를 위해 꼭 필요한 약이라고 깎아달라고 울면서 사정했지. 그러자 장사꾼은 내가 효자이고 불쌍하다면서 열 냥으로 깎아줬어.

난 봉황을 사서는 불면 날아갈까, 쥐면 오그라들까 조심조심 들고 식당으로 갔어. 그리고 식당 주인한테 봉황을 맡기면서 이렇게 말했어.

"제가 집에서 가져온 나물을 시장에 팔려고 하니, 그때까지 이 봉황을 좀 맡아 주십시오. 비싸게 주고 산 귀한 봉황이니까 잘 지켜 주셔야 합니다."

그 말을 들은 식당 주인은 고개를 갸웃하는 거야.

"봉황이라니? 이건 그냥 오골계인데. 닭의 한 종류야."

"뭐라고요?"

난 내 귀를 의심했어. 식당 주인이 놀리는 줄 알았는데, 주변 사람들이 다 그렇게 말했어. 난 씩씩거리면서 아까 그 털보 장사꾼을 찾아가 돈을 내놓으라며 따졌어.

"난 봉황을 판 적이 없네."

털보 장사꾼은 딱 잡아떼지 뭐야.

난 사기 당한 게 억울해서 땅을 치며 울었어. 누구한테 부탁할 방법도 없었는데, 누가 매씨에게 부탁해 보라고 하더라고."

만복이는 울먹거리며 손등으로 눈물을 닦았어요.

"그래서 매씨를 부르며 울고 있었구나."

"파스칼, 날 도와줄 수 있겠니?"

파스칼도 어떻게 해야 할지 알 수가 없었어요. 수학으로는 도저히 오골계를 봉황으로 만들 방법이 없었고, 털보 사기꾼에게 돈을 돌려받을 방법도 없었거든요.

"매씨! 매씨! 우리를 도와줘!"

만복이와 파스칼이 동시에 하늘을 향해 소리쳤어요. 그러자 하늘에서 매씨의 목소리가 들렸어요.

"김 선달님을 찾아! 김 선달님이 도와줄 거야. 국밥집에 가면 지금 식사를 하고 있을 거야. 난 지금 신데렐라의 호박 마차를 고쳐야 해서 너희에게 못 갈 거 같아."

만복이와 파스칼은 서둘러 국밥집으로 가서 김 선달님을 찾았어요. 점잖게 생긴 선비가 고개를 들었어요.

"내가 김 선달인데, 무슨 일이냐?"

만복이와 파스칼은 김 선달에게 지금까지 있었던 일을 이야기했어요.

"허허, 그런 억울한 일이 있었구나. 이게 그 오골계냐? 내가 닭 장수에게 돌려주고 열 냥을 도로 받아주마."

"닭 장수가 오골계를 판 적이 없다고 딱 잡아떼는데, 무슨 수로 그 돈을 받는단 말이에요?"

"허허허, 걱정마라. 다 방법이 있으니까."

잠시 뒤, 김 선달은 오골계를 들고 닭 장수에게 가는 게 아니라 관아로 향했어요. 그리고 큰 소리로 외쳤지요.

"이보시오, 원님께 긴히 드릴 선물이 있어서 그러니, 원님을 불러주시오."

"무슨 선물인데 그러시오?"

포졸들이 묻자 김 선달은 잠시 뜸을 들이는가 싶더니, 소곤소곤 말했어요.

"봉황을 구했다오. 이렇게 귀한 짐승을 나랏일 돌보느라 힘든 원님께 선물로 드리려고 하오."

김 선달은 오골계를 포졸에게 내밀고는 원님께 전해달라고 했어요. 포졸은 고개를 갸웃하면서 오골계를 들고 들어갔어요.

"관아 앞에서 조금 기다리자. 좋은 소식이 올 게야."

잠시 뒤, 원님이 잔뜩 화가 난 목소리로 김 선달을 찾았어요.

"감히 오골계를 봉황이라고 속이다니!"

원님은 김 선달과 파스칼과 만복이를 사기꾼이라며 당장 옥에 가두라고 했어요.

"억울합니다, 원님! 저는 닭 장수가 말하는 걸 곧이곧대로 믿었을 뿐입니다. 저는 방에서 공부만 해서 오골계를 본 적도 없습니다요. 그러니 속을 수밖에요."

"그래, 너희를 옥에 가둘 것이 아니라, 오골계를 속여서 판 닭 장수를 잡아들여야겠구나."

원님은 어리석은 백성을 상대로 거짓말을 한 털보 닭 장수를 잡

아오라고 일렀어요. 원님이 두 눈을 부릅뜨고 호령하자 닭 장수는 잘못을 사실대로 인정했어요. 그러고는 손이 발이 될 만큼 싹싹 빌었지요.

"당장 저 선비에게 닭 값을 물어내도록 하라."

원님의 명령이 떨어지자, 닭 장수는 김 선달에게 오골계 값 열 냥을 물어내고는, 그것도 부족해 곤장까지 흠씬 맞았어요.

"만복아, 네가 뺏겼던 돈이야."

김 선달이 돈을 내밀자 만복이는 눈물을 흘리며 고마워했어요.

"고맙습니다. 김 선달님 아니었으면 큰일 날 뻔 했습니다."

만복이는 김 선달과 파스칼을 자기 집으로 초대했어요. 앓아누웠던 어머니가 간신히 일어나 맞아주었어요.

"김 선달님과 파스칼이 아니었으면 큰 사기를 당할 뻔 했어요."

만복이의 말에 어머니도 몹시 고마워했어요.

"나도 예전에 큰 사기를 당한 적이 있소. 원래 우리 집은 이렇게 가난하지 않았는데, 황 부자라는 사기꾼에게 당해 집을 뺏기고 땅도 뺏겨서 이렇게 가난해졌지요. 그때 김 선달님을 알았다면 사기를 당하지 않았을 것인데……."

어머니가 후회하자, 만복이도 분통을 터트렸어요.

"황 부자는 가난한 사람들에게 돈을 빌려주고, 갑자기 돈을 갚으라고 닦달을 해요. 그리고 돈을 갚지 못하면 집 안을 샅샅이 뒤져서 돈이 될 만 한 것을 몽땅 뺏어 가는 나쁜 사람이지요. 우리 동네에서 황 부자한테 당한 분들이 한둘이 아니에요."

"김 선달님, 이번에는 황 부자를 혼내주러 가요. 가만 보고 있을 수는 없잖아요."

파스칼이 씩씩거렸어요. 김 선달은 파스칼과 함께 황 부자의 집으로 향했어요.

"이번에는 무슨 작전을 쓰실 건가요?"

"황 부자에게 저 강물을 팔아먹어야겠구나."

김 선달이 흐르는 강물을 보며 말했어요.

"강물을 팔다니요? 저 강물도 주인이 있는 건가요?"

파스칼이 묻자 김 선달은 빙그레 웃음을 지었어요.

"물은 온 백성의 것인데 사고팔고 하면 쓰나. 고약한 사기꾼이 백성들을 괴롭히니 혼을 내주려는 거지."

김 선달은 물지게꾼들을 찾아갔어요. 물지게꾼들은 강물을 지게로 퍼서 집집마다 날라주는 일을 했어요.

"내가 미리 돈을 주겠소. 강물을 퍼갈 때마다 내가 준 돈을 다시 내게 한 냥씩 도로 주시오. 그러면 수고비로 돈을 드리겠소."

물지게꾼들은 이상했지만, 쉽게 돈 버는 일이라서 마다하지 않았어요. 물지게꾼들은 김 선달에게 미리 돈을 받아서 강물을 퍼갈 때마다 그 돈을 도로 김 선달에게 주었어요. 그러자 신기한 일이 일어났다는 소문이 퍼지기 시작했죠.

"어떤 양반이 강가에 앉아 물지게꾼들에게 돈을 받고 강물을 팔고 있어요."

"저 강물이 원래 그 양반 거라고 합디다."

"정말 쉽게 돈을 버는구려. 하루 종일 가만히 앉아 돈을 받기만 하면 되니 말이오."

파스칼은 김 선달 옆에서 좋은 꾀를 떠올렸어요. 돈을 얼마나 많이 버는지 그래프로 그리는 것이었죠.

"어떤 그래프로 그리면 좋을까요? 막대그래프로 그리면 어떨까요?"

"시간에 따라 얼마나 버는지 나타낼 때에는 어떤 그래프가 좋은가?"

"꺾은선그래프는 어떨까요?"

파스칼이 되물었어요.

"그래, 꺾은선그래프는 시간에 따라 바뀌는 자료를 꺾어지는 선으로 그리는 거야. 언제 얼마나 바뀌는지 알아보기 쉽지. 예를 들어, 날씨 예고를 할 때 사용되는 '기온의 변화'가 대표적인 꺾은선그래프야. 막대그래프는 각각의 크기를 비교할 때 좋지만, 꺾은선그래프는 시간에 따라 연속적으로 변화할 때 사용하면 좋단다."

"아, 그리고 꺾은선의 기울어진 정도에 따라 얼마나 증가하고, 얼마나 감소하는지 쉽게 알아낼 수 있어요. 선분이 올라가면 늘어나고, 선분이 내려가면 줄어드는 거네요."

"꺾은선그래프가 좋은 점은 또 있지. 조사하지 않은 중간의 내용도 짐작할 수 있거든. 이걸 봐라. 앞으로 오후 2시가 되면 아마 물

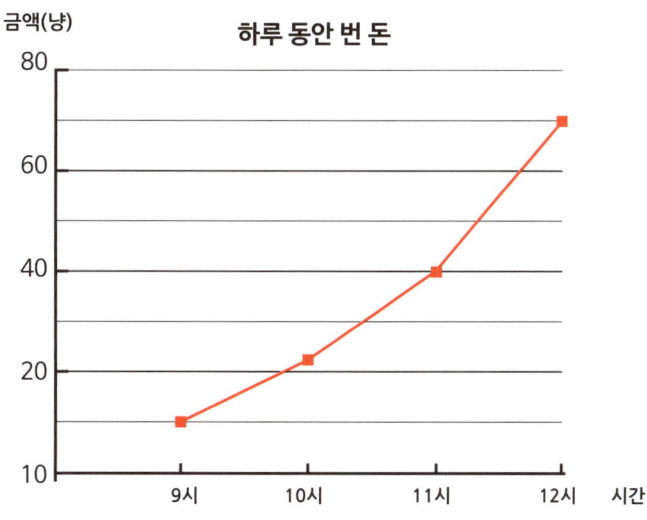

지게꾼이 100명쯤 몰려올 거다."

김 선달의 말대로 오후 2시가 되자 물지게꾼 100여 명이 줄을 섰어요.

물지게꾼들은 돈을 쉽게 벌 수 있어서 시간이 지날수록 점점 더 많이 몰렸어요.

황 부자도 강물을 팔아 쉽게 돈을 버는 사람이 있다는 소문을 들었어요. 황 부자는 깜짝 놀랐어요.

"이게 뭔 일이야? 지금까지 내가 가만히 앉아서 돈을 척척 번다고 생각했는데, 그게 아니잖아?"

황 부자는 몰래 김 선달과 파스칼을 훔쳐봤어요.

"돈이 열 냥 백 냥 쌓이는 건 순식간이네. 이렇게 쉽게 돈을 버는 방법이 있다니! 저 강물만 내 것이면 나는 세상 제일 가는 부자가 될 거야!"

황 부자는 욕심이 나서 견딜 수 없었어요. 황 부자는 어떻게 해서든지 강물을 갖고 싶었지요.

"여보시오. 이 강물을 내게 파시오."

황 부자가 김 선달을 찾아와 조르기 시작했어요.

"아니 됩니다. 이 강물은 조상대대로 우리 집에 내려온 강물인데,

어찌 팔겠소."

"맞아요. 제가 그린 이 꺾은선그래프를 보세요. 하늘 높은 줄 모르고 치솟고 있지요?"

파스칼의 말에 황 부자가 그래프를 들여다봤어요.

"그렇구나. 왜 이렇게 계속 올라가는 것이냐?"

"시간이 갈수록 돈이 이렇게 많이 벌린다는 뜻이오."

"아이쿠, 꺾은선이 계속 올라가네. 이렇게 올라가다간 더 올라갈 자리가 없는데, 김 선달님, 어떻게 하지요?"

파스칼은 능청을 떨면서 꺾은선그래프를 크게 그렸어요.

"허허, 걱정마라. 물결선이 있지 않느냐?"

"물결선이라니요? 강물에 출렁대는 물결 말인가요?"

"필요 없는 부분은 생략하면 된단다. 생략한 부분에는 물결선으로 표시해 주면 되지."

김 선달의 말에 파스칼은 필요 없는 부분을 줄여서 물결($\approx$) 모양으로 나타냈어요.

"물결선이란 건, 꺾은선그래프에서 필요 없는 부분을 줄여서 나타낸 물결($\approx$) 모양이란다. 주로 꺾은선그래프에서 사용하며, 막대그래프에서 사용할 수도 있지."

물결선까지 그려진 꺾은선그래프를 보자 황 부자는 안달이 났어요.

"이보시오. 김 선달님, 그리고 파스칼이라고 했나, 부엌칼이라고 했나, 꼬마야. 제발 내게 팔아다오. 돈은 원하는 대로 주마. 1천 냥이면 되겠지?"

황 부자는 1천 냥이 든 돈 상자를 내밀었어요.

"어이구, 꺾은선그래프가 또 올라가네!"

"에구구, 그러면 2천 냥이면 되겠지요?"

"어이구, 물결선을 또 그려야겠네!"

"어이쿠, 그러면 3천 냥 아니 4천 냥을 내겠소. 이게 내가 가진 재산 전부요. 황소 60마리를 살 수 있는 돈이라오."

김 선달은 계약서를 쓰고는 못내 도장 찍기가 서운한 듯 주저했어요. 하지만 황 부자가 손을 싹싹 빌면서 애걸복걸을 하자 결국 도장을 찍었어요.

"나중에 딴 소리하기 없기요?"

황 부자가 신이 나서 펄쩍펄쩍 뛰면서 말했어요.

"알았소. 그럼 잘 먹고 잘 사시오. 흐흐흐."

김 선달과 파스칼은 4천 냥을 수레에 싣고는 만복이네 마을로 돌아왔어요. 그리고 그 돈을 마을 사람들에게 골고루 나눠줬어요. 배고픔으로 얼굴이 어두웠던 만복이와 마을 사람들의 얼굴에 기쁨이 넘쳐났어요.

"김 선달님, 황 부자는 어떻게 될까요?"

마을을 떠나오며 파스칼이 김 선달에게 물었어요.

"지금쯤 나한테 속은 걸 알고 억울해서 땅을 치고 있을 걸세."

파스칼이 배를 잡고 웃는 사이에, 김 선달은 저만치 사라지고 없었어요.

꺾은선그래프

꺾은선그래프는 시간에 따라 연속적으로 변화하는 모양을 나타내는 데 편리해요.

꺾은선그래프 그리는 방법

김선달과 파스칼은 꺾은선그래프를 이용하여 〈하루 동안 번 돈〉을 나타냈어요. 우리도 함께 꺾은선그래프를 그려봐요.

1. 자료에 있는 각 항목들을 가로로 그릴 것인지, 세로로 그릴 것인지 결정해요.
   시간에 따라 번 돈을 알기 쉽게 나타내기 위해 가로에는 시간을 세로에는 벌어들인 돈의 양을 나타낼 거예요.
2. 자료의 수량에 맞게 세로의 눈금 한 칸의 크기를 정해요.
   세로는 2냥을 한 칸으로 나타내고, 10냥씩일 때 알아보기 쉽게 선을 굵게 표시해 줘요.
3. 각 수량을 가로와 세로의 눈금에서 찾아 점으로 표시해요.
4. 각 항목에 맞도록 점을 찍은 후, 이어서 선분을 그어요.
5. 알맞은 제목을 붙여 줘요!

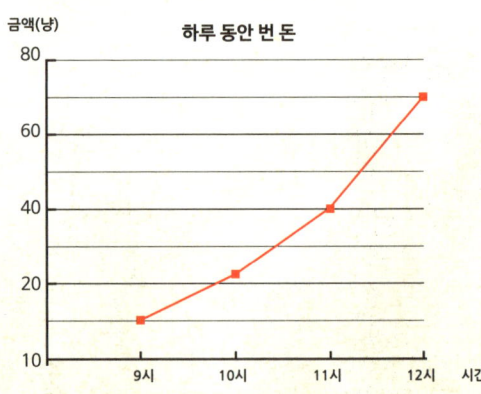

물결선을 이용하여 나타내기

변화하는 양의 크기가 작을 때에는 변화하는 모습을 뚜렷하게 알기 위해 세로 눈금 한 칸의 크기를 작게 잡아 주고, 필요없는 부분은 물결선으로 줄여서 나타낼 수 있어요.

5일 동안 줄넘기의 개수를 꺾은선그래프로 나타내 보면 왼쪽은 작은 눈금 한 칸이 10개씩이나 되기 때문에 정확한 수치를 알기 어려워요. 이럴 때는 오른쪽 꺾은선그래프처럼 한 칸을 5개씩 나타내 주고 75개 이하의 필요없는 부분은 물결선($\approx$)을 이용해 줄여주면 돼요.

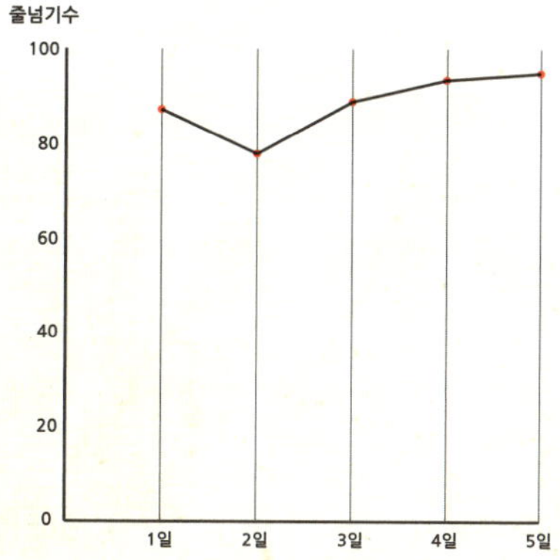

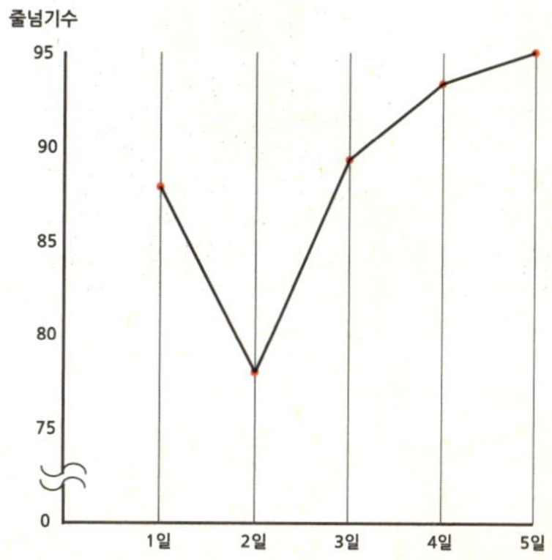

역사에서 수학 읽기

나폴레옹의 러시아 정복

그림 7 나폴레옹 황제

프랑스의 나폴레옹은 세기의 영웅이자 위대한 통치자로 유명하지요. 하지만 러시아 원정에서 패배하면서 몰락하기 시작했어요. 1812년 나폴레옹은 영국을 위기로 몰아넣으려고 대륙 봉쇄령을 내렸어요. 그런데 러시아는 나폴레옹의 대륙 봉쇄령을 반대했지요. 나폴레옹은 말을 듣지 않은 러시아를 공격하기 위해 엄청난 군대를 이끌고 원정을 떠났어요. 나폴레옹이 러시아와 전쟁을 한다고 하자 반대하는 사람이 많았어요. 하지만 나폴레옹은 러시아가 오스만 제국과 6년 동안 전쟁 중이라는 사실을 알고, 러시아가 프랑스와 전쟁을 제대로 할 수 없을 거라고 판단했지요. 더구나 나폴레옹의 프랑스 군대는 유럽에서 가장 강력한 군대였어요. 나폴레옹은 무려 64만 명의 대군을 이끌고 러시아로 원정을 떠났어요. 하지만 러시아 정복은 생각처럼 쉽지 않았어요. 러시아는 무척 추웠고, 전염병이 돌았으며, 먹을 식량도 부족했어요. 전쟁을 하기도 전에 군대는 절반으로 줄었어요. 나폴레옹은 프랑스 군대의 전체 상황을 알고 싶었어요. 그래서 부관에게 전체 상황을 통계를 내서 그래프로 그리라고 명령했지요. 여러 번의 전투를 치르면서 수많은 군사들이 목숨을 잃었어요.

그래프를 보자, 러시아와의 첫 번째 전투에서 프랑스 군인 1만 2000명이 죽거나 다쳤다는 걸 알 수 있었어요. 두 번째 전투는 더 끔찍해서 러시아군과 프랑스군 12만 명이 맞붙어 8시간 동안의 격렬한 전투를 치른 끝에 프랑스군은 2만 8000명이 죽거나 다쳤고 러시아군은 5만 명이 넘는 피해를 봤어요.

부하들은 그래프에서 가장 잘 보이도록 굵은 선으로 프랑스 군사의 수를 나타냈어요. 그러나 군인이 줄어들수록 굵은 선은 점점 가늘게 그렸지요. 그러다가 모스크바에 도착했을 때 선의 굵기는 $\frac{1}{4}$로 줄어들었어요. 이것은 프랑스 군대가 $\frac{1}{4}$로 줄어들었다는 것을 의미하죠. 실제로 모스크바에 도착한 프랑스 군대는 42만 명에서 고작 10만 명만 남아 있었어요. 러시아에 겨울이 찾아오자 나폴레옹은 추위를 견디지 못해 후퇴하고 말았어.

프랑스로 다시 돌아왔을 때 군인은 겨우 2만 명밖에 남아 있지 않았어. 64만의 프랑스 대군 중에서 62만 명을 잃었다는 것을 그래프를 보고 알 수 있었어요. 그래프는 그야말로 나폴레옹의 미래 상황을 비극적으로 예고했어요. 나폴레옹은 결국 쌓아왔던 정치적 기반을 모

그림 8 러시아 철군

두 잃고 자리에서 쫓겨나고 말았답니다. 나폴레옹이 제대로 그래프를 읽고 빨리 미래를 예측했다면 세계의 역사는 바뀔 수도 있었을 거예요.

"매씨, 매씨 어디 있니?"

파스칼이 도서관에 도착했을 때, 어디를 둘러봐도 매씨가 보이지 않았어요.

큭큭큭.

어디선가 숨죽여 웃는 소리가 들렸어요.

"매씨, 장난하지 말고 빨리 나와!"

"나, 못 찾겠지?"

"숨바꼭질하자는 거야? 시간이 없어. 아빠가 오시기 전에 집에 가야 한단 말이야."

"이건 숨바꼭질이 아니라 도술이야."

파스칼 앞에 있던 테이블 위의 주전자가 갑자기 꿈틀꿈틀 움직였어요. 주전자에서 귀가 돋고, 눈이 생기고, 다리가 나왔죠. 그러더니 매씨로 변해서 푸드득 몸을 털었어요.

"어떻게 된 거야? 무슨 책을 보고 배운 거야? 그 책 어디 있어? 나도 도술 배울래."

파스칼이 매씨를 껴안고 졸랐어요. 매씨는 책 한 권을 코로 밀어 내놓았어요.

"홍길동전?"

"길동이한테 배웠지. 길동이는 도술을 쓸 줄 알거든. 길동이는 독수리나 호랑이로도 변할 수 있어. 난 거기까지는 못하지만."

"독수리?"

파스칼의 입이 벌어져 다물어질 줄 몰랐어요. 독수리로 변해 하늘을 날면 얼마나 신이 날까? 상상만 해도 짜릿했죠.

"가자, 어서! 도술 배워야지!"

파스칼과 매씨는 "코기토 에르고 숨!"을 외치고는 홍길동전 안으로 들어갔어요.

높은 바위 산 꼭대기, 어디로도 갈 수 없는 사방이 벼랑인 곳이었어요.

"벼랑 밑으로 구름이 지나갈 정도야. 정말 까마득하게 높은 곳인가 봐."

바위 산 한쪽 구석에 허물어져 가는 작은 집 한 채가 있었어요. 그리고 그 옆에서 한 소년이 땀을 뻘뻘 흘리며 장작을 패고 있었죠. 소년의 몸은 튼튼하고 기운이 매우 세 보였어요. 굵은 장작이 소년의 도끼질에 단숨에 쪼개졌죠.

"길동아, 홍길동아."

매씨는 바위 뒤에 몰래 숨어서 길동을 불렀어요. 길동이 고개를 돌려 쳐다봤어요.

"도사님 안 계셔? 천둥도사님."

"응. 천둥도사님은 중국에 나쁜 산적들이 나타났다고 해서 구름 타고 잡으러 가셨어."

"휴, 살았다."

매씨는 꼬리를 흔들며 길동에게 다가갔어요. 그러면서 뒤따라오는 파스칼에게 말했죠.

"천둥도사님은 엄청나게 무서운 분이시거든. 내가 나타나면 길동이가 공부하는 데 방해가 된다면서 빗자루를 들고 혼내신단 말이야."

매씨가 길동에게 쭈뼛거리는 파스칼을 소개시켰어요.

"파스칼이야. 밥 먹는 것보다 수학을 더 좋아하는 신기한 친구지. 수학으로 세상 문제를 해결하는 해결사야. 그리고 여기는 홍길동. 길동이 형이라고 부르면 돼. 길동이는 도술을 엄청나게 잘해. 길동아, 파스칼에게 한 번 보여줘."

"자신이 없는데……."

길동의 얼굴이 빨갛게 달아오르며 수줍어했어요.

"다른 동물이나 물건으로 변할 수 있는 둔갑술!"

　길동이 소리치며 펄쩍 뛰어 공중에서 두 바퀴를 돌자 순식간에 토끼로 변했어요. 파스칼이 귀여운 토끼를 잡으려고 하자 토끼는 펄쩍 뛰었고 다시 어흥, 울부짖으며 호랑이로 변했어요.

　파스칼은 깜짝 놀라 엉덩방아를 찧었어요. 그러자 호랑이는 바위를 타고 오르더니 훌쩍 하늘로 날아오르는 순간, 날개가 돋으며 독수리가 되었지요.

"와! 신기하다!"

"파스칼, 넌 변신술을 배우면 뭐로 변하고 싶니?"

　길동의 질문에 곰곰이 생각하던 파스칼이 입을 열었어요.

"책이요. 난 책으로 변할래요. 문제가 잔뜩 있는 수학 책으로 변해서 세상의 모든 아이들을 공부시킬 거예요."

"기껏 변신하고 싶다는 게 수학 책이야? 아이들이 정말 좋아할까?"

매씨는 한심하다는 표정을 지었어요.

"이번에는 나랑 똑같은 사람을 만들어내는 분신술!"

길동이 외치며 지푸라기를 집어 훅, 하고 입김으로 날렸어요. 그러자 수십 명의 똑같은 길동이 나타났지요.

"이게 어떻게 된 일이야?"

"으하하하! 누가 진짜인지 알아맞혀 봐."

길동은 매씨와 파스칼 주변을 빙글빙글 돌면서 놀렸어요. 파스칼이 길동을 잡자 펑, 소리가 나며 지푸라기로 변했어요.

"에구, 틀렸네. 다시 맞혀봐."

매씨가 길동의 허벅지를 꽉 깨물자 펑, 소리가 나며 또 지푸라기로 변했어요.

"푸하하하. 너희가 날 잡기는 틀렸나 보다."

한바탕 웃음소리가 들리더니 파스칼과 매씨을 둘러쌌던 홍길동은 모두 지푸라기로 변해 버렸어요. 진짜 길동은 어느새 지붕 위에 올라가 있었죠.

그때 파스칼이 코를 킁킁거렸어요.

"매씨, 방귀 뀌었니? 어디서 방귀 냄새가 나."

"생사람, 아니 생강아지 잡지 마. 난 똥은 싸도 방귀는 안 뀌어."

그때였다. 갑자기 하늘에서 쿵, 쿠쿠쿵, 천둥소리가 울리더니 하얀 뭉게구름이 몰려와 서서히 바닥에 내려앉았어요. 구름 위에서 하얀 수염을 바닥에 닿을 정도로 길게 늘어뜨린 할아버지가 내려왔어요.

"이 녀석! 길동아! 내가 도술로 장난을 치지 말라고 하지 않았느

냐!"

할아버지의 고함 소리에 길동은 깜짝 놀라 바닥에 무릎을 꿇었어요. 매씨와 파스칼은 얼른 바위 뒤로 숨었지요.

"저 할아버지가 천둥도사님이야. 얼굴은 인자해 보이지만, 호랑이보다 더 무서워."

천둥도사는 지팡이로 바닥을 두드리며 심하게 꾸짖었어요. 길동이는 고양이 앞의 쥐처럼 꼼짝도 하지 못했지요.

"도사님, 저는 도술과 무예를 익힌 지 어느새 십 년이나 되었습니다. 지금 저 밑 세상에는 탐관오리와 간신들 때문에 백성들이 굶주리고 고통 받고 있습니다. 하루빨리 세상으로 내려가 백성을 괴롭히는 못된 무리들을 물리치고 싶습니다."

길동은 가슴 속 깊이 품고 있던 말을 토해냈어요. 천둥도사는 그 말을 할 줄 알았다는 듯 고개를 끄덕이며 헛기침을 했어요.

"길동아, 넌 아직 부족하다."

"제가 어떤 점이 부족하다는 건가요?"

"부족해. 아직 부족해. 아직 부족해서 세상에 나갈 수 없어."

그 말만 남긴 채 천둥도사는 집으로 들어갔어요. 길동은 크게 실망해서 고개를 푹 숙였어요. 파스칼과 매씨가 슬그머니 나와 길동에게 다가갔어요.

"길동이 형, 너무 슬퍼하지 말아요. 형의 도술은 정말 훌륭해요."

"그렇지 않아. 흐흑. 스승님은 내가 부족하다고 하시는데, 난 뭐가 부족한지 모르겠어."

길동의 두 볼로 뜨거운 눈물이 뚝뚝 떨어졌어요.

"길동이 형, 우리 앞에서 다른 도술도 보여줘요. 뭐가 부족한지 찾아줄게요."

길동은 뒤뜰로 파스칼과 매씨를 데리고 가더니 다시 도술을 선보이기 시작했어요.

"순식간에 엄청나게 먼 길을 갈 수 있는 축지술!"

길동은 눈 깜짝할 사이에 바람처럼 사라졌다가 나타났어요. 길동의 손에는 엿 두 개가 쥐어져 있었어요. 천 리 떨어진 시장에 가서 엿을 사온 것이었어요.

"거대한 바위도 집어 던질 수 있는 괴력!"

길동은 거대한 바위 두 개를 공깃돌 갖고 놀 듯 던졌어요.

"먹구름과 모래폭풍을 일으킬 수 있는 풍운소환술!"

길동이 하늘을 향해 손가락을 치켜들며 주문을 외우자, 갑자기 먹구름이 몰려오고 바람이 거세게 불었어요.

"구름을 타고 다닐 수 있는 운신술!"

길동이 휘파람을 부르자 구름이 말처럼 날아와 길동을 태웠지요.

파스칼과 매씨는 놀랍고 신기한 길동의 도술에 입을 다물지 못했어요. 그런데 이상하게도 길동이 도술을 부릴 때마다 어디선가 방귀 냄새가 났어요.

"매씨, 방귀 뀌었지? 속일 생각은 마. 난 방귀 냄새 하나는 기가 막히게 잘 맡는단 말이야."

"생강아지 잡지 말라니까! 난 삼 년 째 방귀를 안 뀌었어!"

파스칼은 주변을 살펴보며 의심의 눈초리를 보냈어요.

"뭐가 부족한지 찾았니?"

길동이 묻자 매씨는 모르겠다면서 어깨를 으쓱했어요.

"파스칼, 수학으로 찾아줄 수는 없어?"

파스칼은 킁킁 냄새를 맡고는 뭔가를 그리기 시작했어요. 잠시 후, 파스칼은 종이 한 장을 내밀어 보였어요. 거기에는 원그래프 하나가 그려져 있었지요.

"길동이 형, 비교해야 할 자료가 아주 많을 때에는 표로 비교하기란 쉽지 않아요. 그래서 그래프를 그려놓으면 비교하기가 아주 쉬워져요."

"이 동그라미는 뭐냐? 생긴 것이 꼭 파전 같네."

길동이의 질문에 파스칼이 대답했어요.

"원그래프예요. 이건 형의 도술을 분석한 거지요."

"왜 원으로 그린 거야? 막대그래프도 있고, 꺾은선그래프도 있는데……."

매씨가 묻자 파스칼이 헛기침을 하며 어깨에 힘을 줬어요.

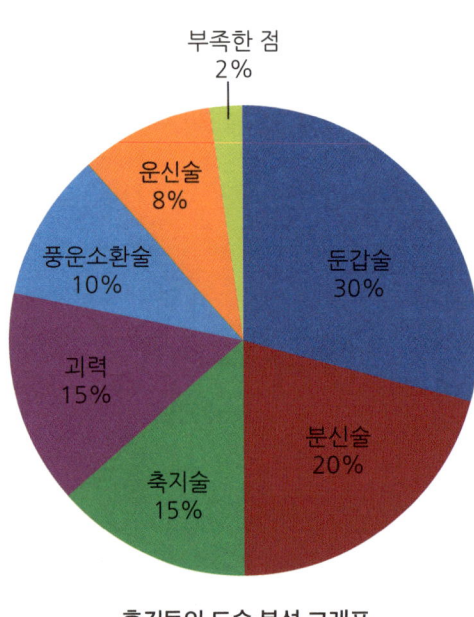

홍길동의 도술 분석 그래프

"원그래프는 전체에 대해 각 부분의 비율을 원으로 나타낸 그래프거든. 그래서 정해진 분량 안에서 무엇이 많고 적은지 알아볼 때 아주 좋아. 길동이 형이 할 수 있는 도술에서 무엇이 더 강력한지 비교하기에는 원그래프가 제일 알맞아."

파스칼은 원그래프를 가리키며 하나씩 설명했어요.

"원그래프는 먼저 항목별로 백분율을 구해야해. 여기 보면 원을 20칸으로 나누었으니까 한 칸은 5%잖아. 한 칸이 5%이니까 둔갑술은 30%이므로 5×6=30 그래서 6칸을 색칠하면 되는 거야."

"아하, 전체에 대해 각 부분의 비율을 한눈에 알아볼 수 있고, 각 항목끼리 비율도 비교하기가 쉽구나. 그래서 원그래프를 그린 것이군."

매씨와 길동이 고개를 끄덕였어요.

"그런데 말이지. 이 원그래프는 잘못 그렸어."

길동이의 지적에 매씨가 고개를 갸웃거렸어요.

"여기 있는 도술의 항목을 전부 더하면 합계가 98%거든. 그러면 2%가 부족한 거잖아. 원그래프는 모든 항목의 합계가 반드시 100%가 되어야 한다고 그러지 않았어?"

"아! 맞아. 파스칼! 실수한 거니?"

길동과 매씨가 동시에 파스칼을 쳐다봤어요.

"그게 바로 길동이 형이 부족한 점이에요. 천둥도사님이 말씀하신 부족한 점이 바로 2%예요."

"그러니까 그게 뭐냐고?"

파스칼은 원그래프 2%의 항목에 방귀라고 썼어요.

"방귀?"

매씨가 소리쳤어요.

"길동이 형은 모든 도술을 완벽하게 하지만, 한 가지 실수를 해요. 도술을 할 때마다 너무 아랫배에 힘을 줘서 방귀를 뀐단 말이지요. 그래서는 적들에게 위치가 노출되어 오히려 공격당할 수 있다고요."

"아, 나도 모르게 그만……. 습관이 돼 버렸어."

길동은 얼굴을 붉

히며 고개를 떨궜어요.

"어떻게 해서든 참아야죠. 완벽한 도술이 방귀 하나 때문에 실패하면 되겠어요?"

"알았어. 고마워."

파스칼과 매씨는 길동과 헤어진 후 다시 도서관으로 돌아왔어요.

파스칼과 매씨는 집에 무사히 돌아왔어요. 파스칼은 그 후에 길동이 형이 어떻게 됐는지 궁금해서 매씨에게 물었어요.

"길동이는 도적의 소굴로 들어가 힘을 겨루어 두목이 되지."

"도적 두목이 된다고? 그건 나쁜 거잖아."

"꼭 그런 건 아니야. 나쁜 자들의 재산을 빼앗아 가난한 백성에게 나눠주는 의적이 된 거야. 그 후 율도국이란 나라에 가서 훌륭한 왕이 되지. 그리고 나라를 아주 훌륭하게 잘 다스려 모든 백성이 행복하게 살 수 있게 만들어."

"와! 왕의 자리에 올랐단 말이야?"

"그래. 홍길동은 나라를 다스릴 때 네가 가르쳐준 원그래프와 띠그래프가 아주 쓸모가 있었대. 그래프 덕분에 자료를 잘 정리하고 분석할 수 있어서 나라를 잘 다스릴 수 있었다고 해."

파스칼은 감격해서 입을 다물지 못했어요.

다음 날 저녁, 식탁에는 파스칼과 아버지, 그리고 손님 한 분이 앉아 있었어요. 그 분은 유명한 대학 교수라고 했어요.

"아빠, 궁금한 게 있어요. '코기토 에르고 숨'이 무슨 뜻이에요?"

파스칼이 묻자 아빠는 어리둥절한 표정을 지었고, 대학 교수가 대신 대답했어요.

"코기토 에르고 숨(cogito ergo sum)은 '나는 생각한다, 그러므로 나는 존재한다'라는 유명한 말이지. 데카르트라는 분이 한 말인데, 이 말은 사람들에게 새로운 세상을 열어줬지. 생각하는 사람이 세상의 중심이 된다는 뜻을 갖고 있거든."

"아, 그렇구나! 저도 데카르트 같은 훌륭한 사람이 되고 싶어요. 그러자면 수학을 공부해야 하지 않을까요?"

아빠는 이번에도 대답이 없었어요. 대신 대학 교수가 입을 열었지요.

"물론이지. 수학이라는 것도 진리를 찾기 위해 생각하는 공부니까, 코기토 에르고 숨이라는 말과 잘 맞는 말이로구나. 안 그렇소? 설마 아직까지 어렸을 때 책을 읽지 말고, 수학 공부를 하지 말아야 한다는 엉터리 교육을 시키는 건 아니겠지요?"

"아, 물론입니다. 그럼요, 그렇고말고요."

원그래프와 띠그래프의 차이점

원그래프는 비율그래프의 한 종류예요. 비율그래프는 각 항목을 비율로 나타나는 그래프이며, 전체에 대한 부분의 비율을 나타내기에 좋아요. 비율그래프에는 띠그래프와 원그래프가 있어요. 띠그래프는 전체에서 차지하는 각 항목을 비율에 따라 띠 모양 안에서 선을 그어 띠로 나누는 그래프예요.

비율 그래프 : 전체에 대한 각 항목의 크기를 비율로 나타낸 그래프
- 원그래프 : 전체에 대한 각 항목의 비율을 원 모양으로 나타낸 그래프
- 띠그래프 : 전체에 대한 각 항목의 비율을 띠 모양으로 나타낸 그래프

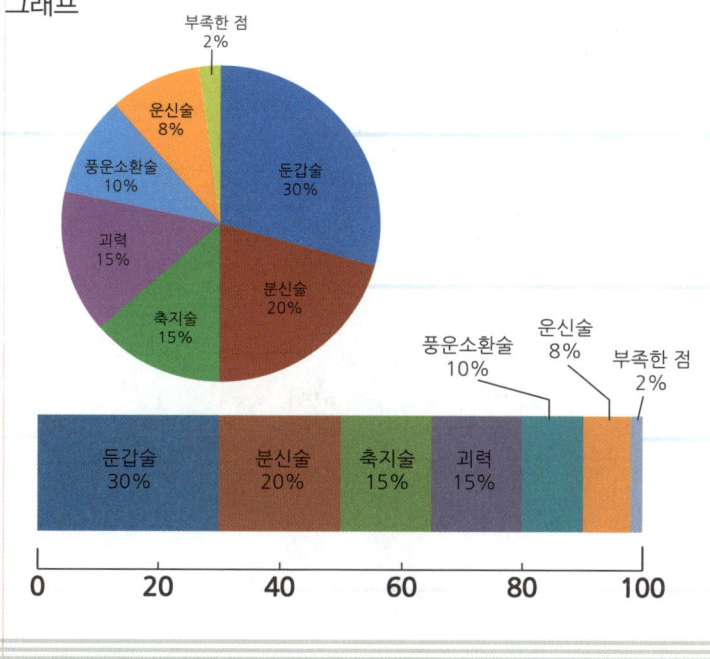

파스칼의 입이 흐뭇하게 벌어졌어요. 파스칼은 수학이 점점 더 근사하게 느껴졌어요. 그리고 어른이 되면 꼭 수학의 왕이 되어야 겠다고 마음먹었지요.

원그래프

원그래프는 비율그래프의 한 종류로 전체에 대한 부분의 비율을 한눈에 알 수 있어요.

원그래프 그리는 방법

우리도 파스칼과 함께 홍길동의 도술의 부족한 부분을 찾기 위해 도술을 분석한 원그래프를 그려봐요.

1. 자료를 보고, 각 항목이 차지하는 백분율을 구해요. 반드시 각 항목의 합계가 100%가 되는지 확인해야 해요.
   둔갑술 30%, 분신술 20%, 축지술 15%, 괴력 15% 풍운소환술 10% 운신술 8% 부족한 점 2%로 합계가 정확히 100%가 되었어요.

2. 각 항목들이 차지하는 백분율의 크기만큼 중심각을 계산해요.
   원의 중심각은 360°로 30%는 108°, 20%는 72°, 15%는 54°, 10%는36°, 8%는 28.8°, 2%는 7.2°예요.

3. 원을 그려요.
4. 각도기로 각 부분의 크기만큼 중심각으로 나누어요.
5. 나누어진 각 부분에 각 항목의 이름을 쓰고, 백분율을 써요.
6. 제목을 붙이면 완성!

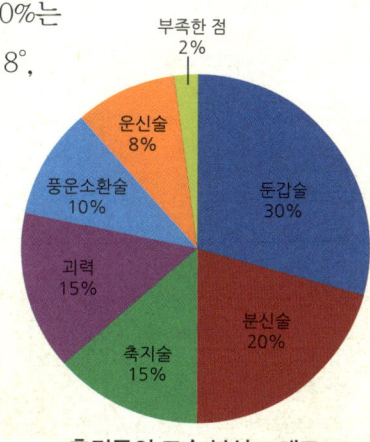

홍길동의 도술 분석 그래프

생활에서 수학 읽기

놀라운 미래 예측 기술 '빅데이터'

최근에는 빅데이터라는 것도 이용해요. 자료를 영어로 데이터(Data)라 불러요. 빅데이터는 빅(Big)+데이터(Data)의 합성어로, 어마어마하게 많은 자료를 정리하고 분석해서 앞으로 어떤 일이 일어날지 예측하는 것이에요.

빅데이터는 정치, 사회, 경제, 문화, 과학 기술 등 여러 분야에서 사용되고 있어요. 세계 경제 포럼은 2012년에 떠오르는 10개 기술 가운데 하나로, 빅데이터를 선정할 정도예요.

지난 2013년 7월, 서울시는 빅데이터를 이용해 심야버스 노선을 완성했다고 발표했어요. 서울시가 한 일은 시민들의 자료를 잘 정리해서 버스 노선을 만든 것이지요. 서울시는 시민들의 휴대폰 통화량을 자료로 삼았어요. 그래서 자정부터 새벽 5시까지 시민들이 휴대폰을 가장 많이 사용하는 지역이 어디인지를 정리했어요. 시민들이 휴대폰을 많이 사용하는 지역이라면, 그 지역에 사람들이 많이 모인다는 뜻이지요.

그래서 서울시는 그 지역을 중심으로 버스 노선을 만든 거예요. 사람들이 많이 모이는 역과 시간을 분석해서 그 시간과 장소에 버스를 다니도록 한 거지요. 서울시의 심야버스 노선은 시민들에게 폭발적인 인기를 끌었어요. 바로 시민들이 원하는 버스 노선이었기 때문이에요. 앞으로 서울시는 빅데이터 자료 정리법을 이용해 택시 잡기 좋은 장소를 시간대별로 알려줄 계획이라고 해요.

빅데이터를 대통령 선거에 이용하기도 해요. 2008년 미국 대통령 선거에서 버락 오바마 대통령 후보는 유권자들의 빅데이터 분석했어요. 맞춤형 선거 전략을 전개하는 등 효과적인 선거로 성공을 거두었지요. 우리나라 19대 총선에서도 국회의원 후보들은 빅데이터를 이용해 유권자를 분석하고 선거 전략을 세웠어요.

그림 9 서울시 심야버스

빅데이터는 번역에 사용하기도 해요. 구글은 인터넷에 자동 번역 서비스인 구글 번역에 빅데이터를 이용하지요. 수많은 사람들이 번역을 하면서 문장을 입력하면, 이 문장들을 자료로 저장합니다. 나중에 다른 사람이 번역을 할 때 이 자료를 바탕으로 유사한 문장을 추측해서 번역을 하지요.

빅데이터는 월드컵에서도 사용해요. 2014년 독일은 월드컵에서 우승을 했는데, 빅데이터를 이용했답니다. 독일 국가대표팀은 선수들에게 센서를 부착해 운동량, 순간속도, 심박수, 슈팅동작 등의 자료를 수집하고 분석했으며, 상대팀의 전력과 강점, 약점 등도 분석해서 반드시 이기는 전략을 세웠던 거지요. 이때 독일 국가대표팀은 무려 4968만 개의 데이터를 수집했어요.

놀라운 능력을 가진 빅데이터지만, 그러나 심각한 문제점이 있답니다. 사생활을 침해하고 개인 정보를 유출할 수 있다는 것이지요. 빅데이터는 수많은 개인들의 수많은 정보를 모아서 분석하는 것이에요. 그래서 빅데이터를 만들려면 수많은 개인들의 개인적인 정보를 수집할 수밖에 없지요. 그런데 이렇게 수집된 정보는 사생활을 침해할 수 있고, 개인 정보가 유출되는 문제가 생긴답니다.